La mente resiliente

Dr. John Demartini

La mente resiliente

Vence tus miedos, encauza tu ansiedad y recupérate con más fuerza

EDICIONES OBELISCO

Si este libro le ha interesado y desea que le mantengamos informado
de nuestras publicaciones, escríbanos indicándonos qué temas son de su interés (Astrología, Autoayuda, Ciencias Ocultas, Artes Marciales, Naturismo, Espiritualidad, Tradición…)
y gustosamente le complaceremos.

Puede consultar nuestro catálogo en www.edicionesobelisco.com

Colección Psicología
La mente resiliente
Doctor John Demartini

1.ª edición: octubre de 2025

Título original:
The Resilient Mind

Traducción: *David George*
Corrección: *Sara Moreno*
Diseño de cubierta: *Enrique Iborra*

Edita: Ediciones Obelisco, S. L.
Collita, 23-25. Pol. Ind. Molí de la Bastida
08191 Rubí - Barcelona - España
Tel. 93 309 85 25 - Fax 93 309 85 23
E-mail: info@edicionesobelisco.com

ISBN: 978-84-1172-328-2
DL B 16884-2025

Printed in Spain

Impreso en España en los talleres gráficos de Romanyà/Valls S. A.
Verdaguer, 1 - 08786 Capellades (Barcelona)

Prólogo

La resiliencia es una señal de sabiduría

¿Cómo de bien y rápidamente te recuperas de eventos duros, difíciles o desafiantes?

¿Cómo de rápidamente te recuperas tras unas circunstancias que te ponen a prueba?

¿Cómo de elástico, flexible y maleable eres cuando te están poniendo a prueba prácticamente al límite?

¿Muestra tu vida una plasticidad magistral cuando se enfrenta a la adversidad?

¿Dispones de verdadera firmeza y resolución?

¿Resurges de tus cenizas tras enfrentarte a retos o traumas?

Si te sientes incapaz de adaptarte a un mundo constantemente cambiante, es probable que tus niveles de angustia aumenten y que sea más viable que te alteres y distraigas por las percepciones de pérdida de lo que buscas y de consecución de lo que evitas.

La resistencia y la resiliencia son esenciales para una vida bien vivida. Tu capacidad de amortiguar las noticias impactantes con ecuanimidad es un signo de madurez, sabiduría y maestría. La fortaleza y el coraje para permanecer sereno, o retornar al equilibrio tras haber sido desafiado, independientemente de las circunstancias percibidas, es esencial para llevar una vida ejemplar y posicionada a favor del liderazgo.

No es tanto lo que te sucede lo que de verdad importa, sino tus respuestas: tus percepciones, decisiones y acciones. Te proporcionan poder. Además, tienes control sobre ellas. Asumir el control sobre estos procesos impulsados neurológicamente puede suponer la diferencia entre ser una víctima de tu historia y ser el amo de tu destino.

Dos áreas principales en tu cerebro afectan a la forma en la que actúas o reaccionas frente a los estímulos o los eventos. Una es la amígdala, una región subcortical que a veces recibe el nombre de «el centro del deseo», que se activa cuando te encuentras en «modo de supervivencia» y reaccionas exageradamente desde el punto de vista emocional (a veces atolondradamente) frente a la vida. Su respuesta recibe a veces el nombre de «pensamiento del sistema 1», porque reacciona de forma rápida y está diseñada para las percepciones de emergencias, tal y como se perciban subjetivamente. Reacciona antes de pensar. Es la sede del *a posteriori*. La amígdala es especialmente responsable de los impulsos, los instintos y la gratificación a corto plazo. Es más refleja que reflexiva y es más estrecha de mente que amplia de miras.

Como este centro del deseo es más subjetivo y parcial, generalmente está más polarizado emocionalmente y suele asociarse con unas verdades absolutas rígidas. Se dispara cuando estás buscando una presa (oportunidades alentadoras de objetivos) y estás evitando a un depredador (amenazas que desafían a un objetivo). Asigna una valencia o carga emocional e inicia unas respuestas elevadas de la dopamina y/o la adrenalina. Acelera el proceso de envejecimiento y puede reducir tu inmunidad. El envejecimiento en un signo de carencia de resiliencia. De hecho, todas las emociones son síntomas de la carencia de resiliencia, ya que son violentas, y no neutrales.

La segunda zona es el córtex prefrontal, que a veces recibe el nombre de «el centro de la función ejecutiva», y que se activa cuando te encuentras en «modo prosperar y desarrollarse vigorosamente, siendo proactivo, considerada y sabiamente, en la vida. A veces recibe el nombre de «pensamiento del sistema 2», porque actúa más lentamente que la amígdala. Está diseñado para unas percepciones más equilibradas, unas decisiones más pensadas, acciones de utilidad, estrategias importantes y objetivas, y unas búsquedas decididas a más largo plazo. Es la sede de la previsión y la reflexión. Piensa antes de reaccionar. El córtex prefrontal es más responsable de una visión inspirada a largo plazo, de una planificación estratégica, de la mitigación de riesgos, de ejecutar los planes y del autogobierno.

Como el centro ejecutivo es más objetivo, es más neutral y adaptable y menos tendente al miedo de perder o ganar. Equilibra tu neuroquímica, gobernando y potenciando tus funciones autónomas e inmunes. Sus ondas alfa y gamma resultantes sincronizan al resto del cerebro con el corazón. En esta área nace un mayor nivel de paciencia, aplomo y resiliencia.

Así pues, ¿cómo despiertas a tu centro ejecutivo?

Aquí es donde vivir de acuerdo con tus mayores prioridades entra en juego.

Tienes un conjunto de valores o prioridades único y concreto de acuerdo con el que vives tu vida cotidiana: tu jerarquía de valores. Te ves inspirado, espontánea e intrínsecamente, a hacer realidad lo que sea que se encuentre en el puesto más alto en tu lista de valores. Es aquí donde eres más disciplinado, confiable y estás más centrado. Como estas áreas son las más importantes y valiosas para ti, no necesitas que una motivación extrínseca actúe aquí. Vas, espontáneamente, tras estos asuntos de la máxima prioridad.

Cuando llenas tu día de acciones de prioridad elevada, tu sangre, glucosa y oxígeno fluyen hacia tu centro ejecutivo, y te vuelves más estratégico, objetivo y resiliente. Despiertas al líder nato que puede que esté dormido en tu interior, y es menos probable que tu vida se llene de retos agobiantes.

Sin embargo, cuando no asumes el mando de tu jornada y no vives de acuerdo con tus prioridades más elevadas, surgirán, inevitablemente, las distracciones de más baja prioridad y, posiblemente, te envuelvan. Te volverás más vulnerable a los oportunistas externos y a los distractores que consumen mucho tiempo. Tus niveles de glucosa y oxígeno en sangre empezarán a fluir más hacia la amígdala, iniciando una serie de reacciones de supervivencia reactivas, rígidas, subjetivamente parciales y descontroladas. La amígdala y los impulsos e instintos correspondientes del cerebro visceral empezarán a dominar tu comportamiento, y generarán unas respuestas de angustia menos eficientes y efectivas. El hipotálamo y la hipófisis estimularán tus glándulas adrenales, que secretarán cortisol, y la respuesta de angustia reducirá tus horizontes de tiempo y espacio e iniciará unas reacciones de supervivencia inmediatamente gratificantes. Ahora reaccionarás antes de pensar. Deberás aprender a toro pasado y mediante la prueba y error, en lugar de con previsión y una planificación reflexiva estratégica. Ahora eres menos eficaz en cuanto a percibir, decidir y actuar. Te has vuelto vulnerable a las circunstancias externas en lugar de perseguir tus anhelos internos y las inspiraciones de tu corazón.

En último término, es lo bien que vivas de acuerdo con tus prioridades lo que determinará tu nivel de resiliencia.

Cuando hayas logrado hacer lo que deseabas con tu jornada, como algunos dicen, viviendo con una agenda con unas prioridades claras y marcando como completadas las acciones de la máxima prioridad, te sentirás como si estuvieras en la cima del mundo. Avanzarás por tu jornada y llegarás a casa con una mayor resiliencia para enfrentarte a lo que sea que te esté esperando.

Cuando permitas que tus percepciones del mundo externo dicten tus reacciones y lidies con distracciones de baja prioridad durante todo el día, podrás convertirte en un oso pardo (listo para reaccionar exageradamente), tanto a lo largo de tu día como tras regresar a casa.

El material que aparece en este libro te proporcionará muchos más detalles sobre tu cerebro, acerca de cómo funciona y cómo puedes usar su funcionamiento para generar tu vida óptima. Aprenderás a determinar tu propia jerarquía de valores y cómo poner eso en práctica para crear una vida empoderada, plena desde el punto de vista creativo y más resiliente.

Tú, tus colegas y tus seres queridos merecen a tu yo más auténtico y dispuesto con resiliencia para inspirar, dirigir y servir de ejemplo. Por lo tanto, prioriza tus acciones cotidianas, delegando tus prioridades más bajas a aquéllos a quienes les encantaría aliviarte de esa carga. Di «Sí» a lo que es más importante y significativo y «No» al resto. Date permiso para controlar tu vida con resiliencia, y vive con sabiduría.

Este libro te mostrará cómo. Aquí hay algunas cosas que aprenderás:

- Cómo determinar tu jerarquía personal de valores.
- Cómo adoptar el poder de vivir de acuerdo con tu valor más elevado.
- Cómo modificar el funcionamiento de tu cerebro para potenciar tu nivel de resiliencia.

- Cómo superar la depresión sin medicación.
- Cómo gestionar la ansiedad.
- Cómo seguir adelante tras el duelo, superando las percepciones sobre los seres queridos perdidos.

Capítulo 1

Tu jerarquía de valores

La resiliencia es un subproducto natural del vivir de acuerdo con las prioridades. Para comprender lo que quiero decir con esto, echemos un vistazo a la jerarquía de tus valores.

Cada ser humano tiene una jerarquía de valores única: cosas que son más importantes, bastante importantes, menos importantes, etc. Te centras espontáneamente en las cosas que ocupan un lugar más elevado en tu sistema de valores, y rara vez encuentras el tiempo, si es que lo encuentras, para hacer las cosas que ocupan un lugar más bajo en tu lista de valores. ¿Te has dado cuenta alguna vez de que encuentras o sacas el tiempo para hacer las cosas que son más importantes para ti, pero no pareces encontrar el tiempo para hacer las cosas que no son tan importantes?

No creo que la procrastinación exista realmente. Cuando alguien mira a otra persona y dice: «¡Madre mía, procrastina mucho!», está proyectando sus propios valores sobre ella. La otra persona está viviendo de acuerdo con su propio sistema de valores. Puede que etiquetes a estas personas como procrastinadoras perezosas, pero en realidad están haciendo lo que es importante para ellas en ese momento. Puede que, simplemente, no estén haciendo lo que es importante para ti. Cada persona tiende a hacer, espontáneamente, lo que es más importante para ella en lugar de lo que es menos importante para ella, pese a que pueda ser la cosa más importante para ti. Cuando la etiquetas como procrastinadora, eso generalmente significa que estás proyectando tus valores superiores sobre ella y esperando que viva de acuerdo con tus valores superiores y no según los suyos, lo cual supone una lección de futilidad. Nuestro desacuerdo conduce a veces a etiquetar erróneamente a la gente, pero, de hecho, todos vivimos momento a momento de acuerdo con nuestra jerarquía de valores: cada persona toma decisiones según lo que quiere creer que le proporcionará la mejor ventaja en ese momento. La jerarquía de sus valores dicta su destino. La jerarquía de tus valores dicta *tu* destino. Algunos de esos valores están cambiando, y otros son más estables y firmes. Puede que los llames valores centrales o valores más duraderos: valores que orientan tu vida durante un largo período de tiempo.

Tus valores dictan cómo percibes el mundo. Permíteme usar una analogía aquí. Imaginemos un matrimonio con tres hijos pequeños. El marido hace horas extra y la esposa se queda en casa y cuida a su familia. El mayor valor de ella son sus hijos, su educación, su salud y el hogar. La misión del marido es la de trabajar y proporcionar respaldo económico.

Digamos que esta pareja está paseando por un centro comercial. La mujer está filtrando sus percepciones de ese centro comercial de acuerdo con su sistema de valores. Percibe que hay juguetes, ropa para niños: cualquier cosa que ayudaría a sus hijos. De todo ese entorno, está prestando atención, de forma selectiva, a esas cosas. El marido, por otro lado, se está fijando en la revista *Forbes,* en los ordenadores y en otras cosas que podrían ayudarle en su trabajo. Cada uno de ellos está filtrando el mundo que tiene a su alrededor según su propia jerarquía de valores. Ella probablemente ni se fijará en las oportunidades de empleo, y él probablemente ni se dará cuenta de la ropa para niños.

Ninguno de ellos tiene razón ni está equivocado, sino que simplemente son únicos. La singularidad de nuestra vida se expresa de acuerdo con nuestra jerarquía de valores. Nadie tiene realmente unos valores correctos o incorrectos, excepto para alguien que tenga un sistema de valores similar o distinto. He sido bendecido para interactuar con miles de personas y observar su sistema de valores, y todavía tengo que encontrar uno que sea idéntico a otro. Puede que seamos iguales en cuanto a nuestra esencia espiritual, pero nuestra forma externa, más existencial, es única, y lo mismo sucede con nuestro sistema de valores.

La atención y los videojuegos

La jerarquía de valores afecta a la forma en la que percibimos el mundo en otro aspecto. Has oído hablar del trastorno por déficit de atención. Cada niño etiquetado con el «trastorno por déficit de atención» también tiene un «orden por exceso de atención» para equilibrarlo. Por cada trastorno por déficit de atención hay un orden por exceso de atención.

¿Qué significa eso? Quiere decir que el niño puede estar ahí sentado y centrarse en un videojuego durante nueve horas seguidas, sin distracción. Conocerá a cada personaje o persona, cada movimiento y cada acción de ese juego, y a veces incluso tendrá una memoria fotográfica de él. ¿Tiene realmente un trastorno por déficit de atención en lo que más valora? No, tiene una atención y concentración agudizadas. Tiene una jerarquía de valores singular.

El profesor que está frustrado y que intenta, infructuosamente, enseñar al niño, puede que no haya aprendido el arte de comunicarse en términos de los valores más altos del niño. A veces etiqueta al muchacho porque él mismo no ha dominado esta forma más respetuosa de comunicarse en términos de la jerarquía de valores del niño. En cuanto lo hace, el muchacho despierta ante esa información.

Estaba en Brisbane (Australia) hace veinte años, y tenía a una madre cuyo hijo de dieciséis años tenía la cabeza sorbida por los videojuegos y los ordenadores. Era madre soltera, trabajaba duro y sentía que había llegado el momento de que su hijo saliera de casa y consiguiera un empleo. Ella vivía, mentalmente, en una época distinta y estaba esperando que él hiciera una ruta de reparto de periódicos o algo parecido. El hijo no vivía en ese mundo, por lo que ella me contrató para que hablara con él y le hiciese volver al buen camino. Entré en su habitación y le dije:

—Así que tu madre se mete contigo, ¿eh?

—Sí.

—¿En qué estás trabajando?

—Estoy trabajando en la creación de un videojuego.

—Eso suena genial. ¿Eres bueno en ello?

—Sí.

—¿Te encanta hacer eso?

—Me encanta jugar a los videojuegos, y también me encanta desarrollar *software* para dichos juegos.

—¿Sabes hacerlo realmente bien?

—Sí.

—Así que eres genial en eso.

—Sí.

—¿Estarías dispuesto a mostrarme en qué andas metido y en qué estás trabajando?

Me enseñó lo que podía hacer, y le dije:

—Esto es bastante ingenioso. Eres muy habilidoso en esto.

—Lo sé. Mi madre no lo entiende. Ni siquiera sabe cómo encender un ordenador. Imagino que ésa es la razón por la cual sus represiones son mis expresiones, tal y como le he oído decir en su reciente charla. [En caso de que no lo supieras, un muchacho se especializará, a veces, en lo que sea que los progenitores hayan reprimido].

Cuando salí de esa habitación, la madre me preguntó:

—¿Le ha hecho entrar en razón?

—No, le he contratado.

Hoy tiene casi treinta y seis años y ya ha trabajado para compañías como IBM por un cuarto de millón de dólares anuales.

El comportamiento autocrático no es la forma de obtener lo que te encantaría de tu hijo. La cosa consiste en averiguar qué le inspira y preocuparte lo suficiente por él y comprender y respetar sus valores. De ese modo, podrás transmitir lo que te encantaría para él de una forma que tenga sentido para él y satisfaga sus valores más elevados.

Si es necesario que tu hijo se apunte a ciertas clases o asista a ciertos eventos sociales, transmítele el valor de estos objetivos en términos de sus mayores valores, y se implicará más. Nadie se ve inspirado, espontáneamente, a apuntarse a un curso a no ser que perciba que satisfará sus valores más elevados. En cuanto vea cómo es, anhelará aprender y sobresalir. Si no es así, no estará implicado, y simplemente querrá marcharse y huir de la llamada experiencia educativa insatisfactoria. La clave consiste en preocuparte lo suficiente por tus hijos para comunicarte de esa forma. Inauguré un curso en el área reservada para gente negra de Alexandria (Sudáfrica), una zona económicamente empobrecida. Empezó con un índice de aprobados en los institutos del 27 %. En un año hicimos subir ese índice hasta el 97 %. Las cifras cambiaron cuando les mostramos cómo las clases les ayudarían a hacer realidad lo que más valoraban individualmente. Les ayudé a determinar sus valores más elevados, y también ayudé a determinar los mayores valores de los profesores. Entonces les ayudé a vincular las clases a los valores más altos de los profesores y de los alumnos. Luego vinculé los valores más elevados de los estudiantes con los de los maestros, y viceversa, para potenciar la comunicación y el respeto. El índice de aprobados pasó del 27 al 97 % porque los alumnos quisieron aprender, espontáneamente, lo que era más significativo e importante para ellos, pero si no podían ver cómo lo que se les estaba diciendo que aprendieran les iba a ayudar a hace realidad lo que más valoraban, desconectaban.

Como progenitores y profesores, seremos inteligentes si respetamos a los niños y sus valores superiores en lugar de forzarlos, autocráticamente, a ir en contra de lo que más valoran. Si no lo hacemos, triunfarán en términos de memoria a corto plazo en el mejor de los casos: superarán el examen, pero no se verán realmente inspirados a aprender. Creo que hay un genio en cada niño, y le he visto salir una vez que sabes cómo implicarle y gestionar respetuosamente su experiencia de aprendizaje dirigida por sus valores más altos.

Nuestra jerarquía de valores dicta cómo percibimos el mundo y actuamos frente a él. Las áreas que ocupan un lugar alto en nuestra lista de valores tienden a volverse más ordenadas y organizadas. Tendemos a ser indisciplinados, estar desconcentrados y ser caóticos con respecto a cosas de poco valor. En otras palabras, cuanto mayor sea el valor, más orden, y cuanto menor sea el valor, más caos.

Nada te distrae realmente de lo que está en la cima de tu sistema de valores. Sacrificarás cualquier cosa que se encuentre por debajo de ello. Una madre que tenga a su hijo como su mayor valor, abandonará el trabajo si le sucede algo a su hijo. Si su mayor valor es ganar dinero, irá al trabajo, aunque su hijo esté enfermo, ya que el trabajo es lo más importante para ella. No es que los hijos no sean importantes, sino que la jerarquía de valores de la mujer le dicta cómo actuará o reaccionará. Una vez más, nadie está en lo cierto ni está equivocado por intentar hacer lo que es más importante, significativo y satisfactorio de acuerdo con su propio conjunto singular de valores más altos. Siempre que percibamos que podemos hacer realidad lo que sea que esté más arriba en nuestra lista de valores, nos volveremos más empoderados, adaptables y resilientes. Lo mismo se aplica a nuestros hijos.

Matrimonio: Contrarios complementarios

Si tienes algo que está arriba en tu lista de valores, es común que te cases con alguien que la tenga en un lugar bajo en su lista, por lo que tendréis contrarios complementarios que estabilizarán la dinámica de la relación. El objetivo del matrimonio no es el de encontrar a alguien exactamente igual que tú, sino encontrar a alguien que represente tus partes dejadas de lado, de modo que pueda amar y hacer realidad esa parte de ti que asumes que te falta para ayudarte a hacerte sentir más pleno. En la práctica, no hay nada que falte en ti ni en el otro, sino que sólo parece que es así; y son esos aparentes vacíos los que impulsan tus y sus jerarquías de valores. Si te has casado por una felicidad hedonista unilateral, simplemente debes saber que eso es una ilusión. El objetivo del matrimonio no es la felicidad hedonista, sino la de llevar a la completitud las partes que tenemos olvidadas para así alcanzar la satisfacción, el sentido y tu objetivo.

Tu propósito es una expresión, principalmente, de tu valor superior y, parcialmente, de tu segundo y tercer mayores valores. Nadie tiene que motivarte a hacer las cosas que están más arriba en tu lista de valores. Desde mi punto de vista, hay una diferencia entre la inspiración y la motivación. La inspiración se da cuando estás alineado y en sintonía con tus valores superiores: te conoces y actúas espontáneamente de acuerdo con ello. La motivación consiste en intentar ser otra cosa, por lo que sólo una influencia externa o los incentivos te mantendrán en aquello que estés haciendo.

Tu misión en la vida consiste en sintonizar y vivir de acuerdo con tus valores superiores. Puedes aprender cuáles son a partir de una serie de determinantes de valores: la forma en la que llenas más tu espacio íntimo y personal; la forma en la que más empleas tu tiempo y gastas tu dinero; lo que más te llena de energía; lo que domina tu pensamiento, tu visualización y el diálogo interior sobre cómo te gustaría que fuera tu vida que muestre pruebas de hacerse realidad más frecuentemente; aquello de lo que hablas más con otras personas; lo que te inspira más; tus metas más repetitivas que se están convirtiendo en realidad; y aquello sobre lo que te gusta más, espontáneamente, aprender.

Si acudes a mi oficina, verás libros, por lo que, obviamente, uno de mis valores más altos es estudiar y aprender las leyes del universo y cómo se relacionan con el comportamiento humano y la evolución de la consciencia. Nadie tiene que motivarme a hacer eso, porque es intrínsecamente importante para mí; pero puede que alguien encuentre oportuno motivarme a hacer algo que esté abajo en mi lista de valores, como cocinar o conducir.

Una vez más, cuando estamos haciendo realidad lo que es más importante para nosotros, nos volvemos de lo más resilientes.

La sabiduría en la vida consiste en aprender a delegar cosas que se encuentran más abajo en tu lista de valores, y saber qué cosas están más altas en tu lista de valores y ceñirte a ellas. Entonces podrás vincular cosas de menor valor con cosas de mayor valor, de modo que los elementos de menor importancia puedan volverse más inspiradores para que los lleves a cabo hasta que puedas delegarlos. Por ejemplo: *¿Cómo, en concreto, llevar a cabo esta acción, deber o responsabilidad concreta de menor valor (temporalmente, hasta que pueda delegarla por completo) me ayudará a hacer realidad lo que actualmente se encuentra más arriba en mi lista de valores, mi misión o mi objetivo?*

La sabiduría consiste en prestar una atención detallada a la gente a la que quieres y a identificar cómo llena su espacio; cómo gasta o emplea su energía, tiempo y dinero; su conversación y qué le encanta aprender. El grado hasta el que puedas conocer sus valores superiores y honrarla y comunicarte en términos de ella es el grado en el que tendrás unas relaciones respetuosas y satisfactorias.

Cuando tus acciones concuerdan plenamente con tus mayores valores, te sientes más inspirado, te encanta lo que haces y estás haciendo lo que amas.

Había una historia sobre una mujer que salió de su casa y vio a tres hombres sabios con unas largas barbas blancas en el exterior.

—¿Quiénes son ustedes? –preguntó la mujer.

Uno de los hombres habló:

—Este caballero de aquí es Riqueza. Ese otro caballero es Éxito, y yo soy Amor. ¿Está su marido en casa?

La mujer entró y le dijo a su esposo que había tres hombres sabios fuera. Él dijo:

—¿Por qué no les invitamos a pasar?

La mujer salió para invitarles a pasar, pero ellos dijeron:

—No, sólo podemos entrar de uno en uno, así que elija cuál de nosotros le gustaría que entrara.

La mujer volvió a entrar y le preguntó a su marido:

—¿A cuál de ellos debería dejar entrar?

—Haz que entre Riqueza –dijo él.

—No, creo que me gustaría que entrara Éxito.

La hija, que estaba ahí, dijo:

—No, haz que entre Amor. Necesitamos más amor en la familia.

La mujer dijo:

—Puede que tengas razón. Hagamos entrar a Amor.

Salió y dijo:

—Nos gustaría que entrara usted primero, señor Amor.

Amor se puso de pie y entró, y los otros dos empezaron a seguirle.

La mujer dijo:

—Pensaba que sólo podían entrar de uno en uno.

—No. Si hubiese usted elegido a Éxito, él habría entrado. Si se lo hubiera pedido a Riqueza, él habría entrado; pero como ha escogido a Amor, entramos los tres, porque allá donde vaya el amor, van también el éxito y la riqueza.

En otras palabras, cuando averiguamos qué hay en nuestro corazón y seguimos lo que está más arriba en nuestra lista de valores, nos desplazamos hacia el alineamiento con lo que es más inspirador, importante y satisfactorio en nuestro universo individual. Atraemos, de forma natural, a las personas, los lugares, las cosas y los eventos más relevantes que nos ayudan a satisfacer nuestra vida.

Muchas personas van por la vida vagando y rara vez se prestan atención a sí mismas; pero tal y como decía el Oráculo de Delfos en la antigua Grecia: «Conócete a ti mismo»; hasta el punto en el que conozcamos nuestros valores superiores y comprendamos por qué reaccionamos y por qué etiquetamos las cosas de la forma en que lo hacemos. También sabemos que nuestra misión es una expresión y satisfacción de nuestros valores más elevados.

Cuando estamos haciendo realidad nuestra misión, nos volvemos más resilientes y adaptables a lo que suceda en nuestro mundo.

Los momentos de inspiración

Una señal de que estamos en el buen camino con nuestros mayores valores es que tenemos momentos de inspiración. ¿Has visto alguna vez una película o escuchado una pieza musical y te han surgido lágrimas de inspiración en los ojos? En ese momento, es buena idea identificar y anotar exactamente lo que está sucediendo, además de las palabras o la letra de la canción que te han inspirado. En esos momentos, esa letra tiene un significado especial para ti.

Miré hacia atrás en mi vida, tamizado esto a través de la música que me había inspirado, incluso cuando era un adolescente, y compré los casetes o los CD. Volví a escuchar esa música, y justo cuando obtuve la misma lágrima de inspiración, anoté la letra. Compilé esas letras y averigüé que eran el principal mensaje que comparto actualmente en mis seminarios. Las lágrimas de inspiración aparecen en momentos en los que eres más auténtico, en sintonía con tu(s) valor(es) superior(es). Tu fisiología y tu psicología te están proporcionando *feedback* para hacerte saber que estás en el buen camino, que estás presente, que estás inspirado, que eres auténtico. Cada vez que tengas esa experiencia, identifícala. Identifica las palabras que te inspiraron y averigua exactamente que te está pasando por la mente en ese momento. Entonces estructura tu vida alrededor de su esencia y observa cuán más adaptable, empoderado y resiliente te vuelves.

La lista del amor

Para expresar tu misión en la vida, es de utilidad que apuntes lo que sabes que amas. Yo lo llamo una lista del amor. No es una lista de encaprichamiento, enamoramiento loco u obsesión, ya que eso es algún tipo de fantasía que no es realizable o alcanzable. Es algo que sabes, en lo más profundo de tu corazón, que te gustaría hacer, y puede que haya estado en tu interior muchos años. Empieza a partir de lo que conoces, y avanza hacia lo que no conoces. De esa forma, lo que sabes crecerá, y lo que no sabes será consumido por lo que sabes. Sigue escribiendo, releyendo y refinando.

Empecé haciendo esto cuando tenía diecisiete años. En ese momento tuve la oportunidad de conocer a un gran profesor que me ayudó a identificar qué me encantaría hacer durante el resto de mi vida. En la actualidad lo estoy haciendo. Tras algunas ediciones, lo que escribí entonces se convirtió en: *Dedico mi vida al estudio de las leyes universales tal y como se relacionan con el cuerpo, la mente y el alma, y especialmente con la sanación. Quiero viajar por el mundo y compartir mi inspiración, ser un maestro, un sanador y un filósofo.* Anoté esas cosas y las leí miles de veces. Las visualicé, las afirmé y seguí centrándome en ellas y refinándolas.

Para desplegar tu misión, empieza con lo que sabes y deja que lo que sabes crezca y sigue refinándolo. Al principio, posiblemente sea un poco confuso y volátil, pero al final se volverá estable. Dite a ti mismo: «Ahora estoy desvelando mi misión magnífica y más inspiradora e importante de servicio al mundo».

Mucha gente vive en la insignificancia en lugar de en la magnificencia. La magnificencia llega cuando sintonizamos con nuestros valores superiores y permitimos que nuestro estado de ánimo más auténtico nos oriente y dirija con lágrimas de inspiración y momentos de sabiduría destellante.

Si no defines lo que te encantaría hacer en tu vida, alguien lo definirá por ti. Definiéndolo exactamente de la forma en la que te encantaría que fuera tu vida, es menos probable que otra persona haga eso por ti.

El que asumas el control y diseñes tu vida se suma a tu nivel de claridad y resiliencia.

Cuando tenía unos cuatro años, tenía la tarea de arrancar las malas hierbas que había alrededor de mi casa. Para cuando acababa, volvía a empezar, ya que se trataba de juncia real: te hace volverte loco. Arrancaba la juncia real de un lado de la casa y al poco tiempo volvía a crecer.

Había una mujer encantadora, la señora Grubbs, que vivía en la casa de al lado. Era una mujer pequeña de ochenta y pico años que tenía flores y colibríes en su hermoso jardín trasero. Un día, la señora Grubbs se inclinó sobre la valla y me dijo: «John, si no plantas flores, vas a estar arrancando malas hierbas toda tu vida».

Teníamos una gran bolsa de judías de Lima en el garaje, por lo que planté judías cada diez centímetros alrededor de toda la casa. Mis padres mostraron mucha paciencia, pero al cabo de no mucho toda la casa estaba rodeada de tallos de judías. Sabían que mis intenciones eran buenas, pero probablemente fue descorazonador para ellos ver judías alrededor de toda la casa que, por supuesto, se tuvieron que comer.

Si no plantamos flores en el jardín de nuestra mente, estaremos arrancando malas hierbas por siempre. Decidámonos. «Valgo la pena, soy magnífico. Merezco el tiempo y el esfuerzo para adquirir, con maestría, conocimientos sobre mi misión. Estoy observando mis valores, mi inspiración, lo que me encanta hacer, y me estoy centrando en la persecución de esas prioridades».

El siguiente paso que dar para ayudar a que esta misión emerja consiste en rememorar todo lo que hiciste como servicio o en tu trayectoria profesional y encontrar los denominadores comunes subyacentes. Si elaboras una lista de cada trayectoria profesional en la que has estado implicado, seguirás encontrando algunos elementos unificadores. La calidad de nuestra vida se basa en la calidad de las preguntas que formulamos. Si hacemos preguntas que indaguen en profundidad en los denominadores comunes vinculados a nuestro corazón, éste revelará nuestra misión.

Al identificar nuestra misión, es importante anotar a toda la gente que hemos percibido como héroes: gente acerca de la cual hemos dicho: «Me encantaría ser capaz de hacer eso o conocer a esa persona». Estoy seguro de que hay gente a la que te hubiera encantado conocer. Haz una lista de estas personas. Una vez más, te encontrarás con que hay denominadores comunes con estos héroes. Lo que admiras en otros se encuentra en tu interior y está esperando a ser reconocido y aceptado.

Me encanta leer biografías de grandes personas: de cualquiera que haya dejado una huella inmortal en la historia, ya sea en el campo de la prosa, la poesía, la ciencia, la filosofía o en cualquier otra área. Me encanta leer las biografías de estas personas porque pienso y creo: «Si ellos pueden hacerlo, también yo». También me fijo en la gente que ha triunfado pese a tenerlo todo en contra. Me encanta leer sobre ella, ya que me proporciona nuevos conocimientos y me inspira a superar mis propios desafíos percibidos. Busco allá donde yo también he llevado a cabo los mismos comportamientos en el mismo grado a mi propia manera. Conozco las características que admiro en otros y, por lo tanto, me vuelvo más reflexivo en mi conciencia. Me recuerdo que «nada falta en mí. Es sólo mi propia forma singular». Muchas de estas personas fueron ridiculizadas y a veces se fue en contra de ellas violentamente, y eso también me proporciona ánimos. Tal y como dijo Emerson: «Ser genial es ser incomprendido» (eso me ha ayudado, porque no siempre es fácil entenderme).

Otra práctica útil consiste en leer tu lista del amor cada día mientras te dices a ti mismo: «Me encuentro en una misión que es inspiradora y magnífica. Tengo algo importante, poderoso e increíblemente significativo que hacer en este planeta». Si crees que estás aquí para hacer algo importante, eso es lo que surgirá de tu vida. Si piensas en pequeño, te manifestarás en pequeño. Si piensas más en grande, te manifestarás más en grande. Por lo tanto, empieza a aclarar y a definir qué es ese algo magnifico y empieza a emprender acciones y a brillar resilientemente.

Anhelando la inmortalidad

Al final de tu vida, no te gustará pensar: «Nadie supo quién era yo. Nadie supo que tuve un impacto». Tienes, en tu interior, un anhelo de contribución y de inmortalidad. Tenemos un deseo irracional y racional en nuestro cuerpo físico de vivir tanto como sea posible y, posiblemente, de inmortalidad. La mayoría de la gente cree en algún tipo de conservación de la información en la vida después de la muerte, por lo que hay una parte de nosotros que anhela una expresión inmortal. Espiritualmente, tenemos un deseo de llevar una vida inmortal. Mentalmente tenemos el deseo de dejar alguna contribución de ideas a los demás que dure más allá de nuestra vida física. Nos gustaría que nuestra trayectoria profesional sobreviviera a nuestra vida. No queremos que desaparezca. Nos gustaría transmitirla a nuestros hijos o a alguien que trabaje para nosotros. Tenemos el deseo de mantener ese negocio vivo. Económicamente, a la mayoría de la gente le gustaría tener más dinero al final de su vida que vida al final de su dinero.

También está el deseo de tener descendencia que viva más que tú. Estaba haciendo *jogging* con mi abuela, que tiene noventa y muchos años (íbamos lentos, pero ahí estaba ella). Le pregunté:

—¿Cuál es el mayor reto al que te has enfrentado como nonagenaria?

—Que mis hijos no me sobrevivan

Porque eso es lo que estaba sucediendo: algunos de sus hijos estaban muriendo antes que ella. Parte de ella anhelaba una expresión inmortal: que sus hijos la sobrevivieran.

El siguiente objetivo es tener un impacto en la sociedad, de modo que seas recordado y no seas olvidado sin más; y, por supuesto, físicamente queremos que nuestro cuerpo viva tanto como queramos. Tenemos un magnífico anhelo de una expresión inmortal.

¿Cómo conseguimos un impacto inmortal así? En primer lugar, aclaramos nuestra mayor misión basada en el valor. Concentrarnos en nuestra misión podría compararse a concentrar la luz a través de una lupa: aportamos entusiasmo a nuestra vida y ardemos en llamas. Si estás entusiasmado, cautivas y atraes a más gente que si careces de inspiración y eres un aburrido. La gente segura, empoderada y entusiasmada y que se ve inspirada por lo que hace atrae oportunidades para sí misma y deja un impacto más inmortal directamente o mediante el efecto dominó.

Un porqué lo suficientemente grande

Para suponer una diferencia en el mundo necesitarás un gran *porqué*. En un seminario reciente que impartí, un caballero dijo:

—Me encantaría, realmente, hacer esto.

—¿Desde hace cuánto le ha encantado hacer esto?

—Oh, desde hace unos diez años.

—¿Y no lo ha hecho?

—No.

—Entonces –dije–, no es realmente algo que le encantaría hacer.

—¿Qué quiere decir?

—Si de verdad le encantase hacerlo, lo habría hecho, por lo que quizás esté intentando vivir la vida de otra persona.

Cuando obtengas un *porqué* lo suficientemente grande, los *cómos* cuidarán de sí mismos. Si no tienes un porqué lo suficientemente grande, los cómos no cuidarán de sí mismos.

Alfred Marshall, que escribió un libro titulado *Principios de economía,* dijo que cualquier grado de motivación humana puede medirse económicamente. Podemos averiguar exactamente qué te impulsa y cuánto costaría comparar o iniciar una acción concreta o detener esa acción.

Digamos que fumas y que yo te ofreciese dos mil dólares por no fumar en los siguientes diez minutos. Tú dirías: «Puedo soportarlo diez minutos». ¿Si te diera veinte mil dólares, podrías hacerlo durante una hora?

Si no estás poniendo de manifiesto tu sueño y estás procrastinando, esto significa que los pasos para la acción necesarios para alcanzar el sueño ocupan un lugar más bajo en tu lista de valores que alguna otra cosa. ¿Qué pasaría si dijera: «Te voy a dar un millón de dólares si terminas de hacer eso en cuarenta y ocho horas»? ¿Terminarías de hacerlo? El incentivo del dinero situaría eso en un lugar alto en tu lista de valores temporalmente. La idea es que, si te proporciono un *porqué* lo suficientemente grande para iniciar las acciones necesarias, lo harás. Cuando el porqué es lo suficientemente grande, los cómos cuidan de sí mismos.

Cuando puedes vincular lo que sea que dices que te encantaría hacer con tus valores más altos, incrementas la probabilidad de llevarlo a cabo. Si lo haces, vas a estar más inspirado en tu vida, vas a ser más resiliente y vas a tener un mayor alcance.

Permíteme explicarte por qué. Cuanto más escuchamos a nuestro yo más auténtico y de mayor valor, al que a veces llamamos nuestro corazón y nuestra alma, más inspirados estamos. Cuanto más inspirados estamos, más amplia es nuestra visión. El miedo y la culpabilidad nos contraen, y el amor y la gratitud nos expanden. Nos proporcionan inspiración desde el corazón. La gratitud es la llave que abre la verja del corazón, de donde surgen el amor y la inspiración. Expande nuestra consciencia espontáneamente, y vemos unos mayores horizontes de espacio y tiempo, y nos volvemos más resilientes a lo que sea que nos asuste o nos distraiga.

No podemos marcar una diferencia en nosotros mismos a no ser que dispongamos de una causa mayor que nosotros mismos. De otro modo, nuestros hábitos nos gobernarán. Si te encantase marcar una diferencia en ti mismo, es esencial que dispusieses de una causa o una misión mayor que tú. Si estoy de pie dando una conferencia y me preocupa lo que pienses de mí, estaré pensando en mí, por lo que no podré transmitirte cosas; pero si pienso en ti, no me doy cuenta de mí. Puede que incluso tenga la corbata torcida o la bragueta abierta, pero si estoy pensando en ti, eso no importa. No me descoloca.

Como resultado de ello, y si quiero marcar una diferencia en mi familia, es esencial que despierte una causa que sea por lo menos tan grande como mi comunidad. Si quiero marcar una diferencia en mi comunidad, necesitaré de una causa tan grande como mi ciudad. Si quiero marcar una diferencia en mi ciudad, necesitaré una causa tan grande como mi región. Si quiero ser el número uno en la región, necesitare una misión y visión nacional, una causa nacional. Si quiero tener un impacto nacional, necesitaré una visión global, una causa global; y si quiero dejar un impacto global en este planeta, necesitaré una causa astronómica. Los griegos se reían de Sócrates y Platón por enseñar astronomía a los jóvenes, pero estaban intentando acostumbrarlos a pensar celestialmente y a mirar hacia atrás terrestremente.

Tal y como se dice, somos seres espirituales y celestiales que tienen una experiencia física y terrenal, en lugar de seres físicos teniendo una experiencia espiritual. Pese a ello, tendemos a pensar en nuestra vida en términos terrenales, más que en términos celestiales. Cuando nos sentamos aquí y miramos al exterior, nos agobiamos por la inmensidad. Cuando expandimos nuestra conciencia e influencia y damos un paso adelante y salimos ahí fuera y echamos un vistazo, el mundo es nuestro para que lo construyamos y lo creemos. Por lo tanto, si queremos tener un impacto importante en el mundo, sería inteligente que despertásemos a una visión astronómica.

En su ensayo *Círculos,* Emerson dice que nuestro yo o alma auténtica nos lleva continuamente a unas esferas concéntricas cada vez mayores, a unos horizontes cada vez mayores de espacio y tiempo en nuestro pensamiento. Frecuentemente digo que la magnitud de los horizontes de espacio y tiempo dentro de nuestro pensamiento dominante más íntimo determina nuestro nivel de evolución consciente. Si pensamos en términos de un vagabundo en la calle, que vive día a día, tendremos una evolución pequeña y contraída. Si pensamos en términos de semana a semana o de mes a mes, seguiremos estando un tanto circunscritos. La magnitud del espacio y del tiempo en nuestra mente viene determinada por nuestra voluntad de escuchar a nuestras inspiraciones más auténticas. Cuanto más intentamos vivir en los valores superiores de otra persona y permitimos que las filias y las fobias (o los sentimientos de vergüenza y orgullo) resultantes dirijan nuestra vida, más nos contraemos. El sabio que es auténtico, y está más expandido e inspirado, piensa en términos de la eternidad.

Si queremos vivir nuestra misión y marcar una diferencia, es buena idea volvernos hacia nuestro interior y descubrirnos, expandirnos e inspirarnos. Podemos vincular las acciones que nos gustaría llevar a cabo con los valores superiores que son más importantes para nosotros. No procrastinaremos llevar a cabo cosas que sean inspiradoras para nosotros. Sólo procrastinaremos las cosas que ocupen un lugar inferior en nuestra lista de valores.

También puedes tomar tu lista del amor (la lista de los objetivos que te gustaría hacer realidad) y seguir expandiéndola y refinándola. Inicié mi lista del amor en 1972. Ahora consiste en una serie de libros de treinta y tres volúmenes que contiene mis sueños, además de la afirmación de mi misión. La leo en mi ordenador o en papel cada día. He aprendido que, si meto mi mano en el tarro del pegamento, éste pega. Si pongo mi mente en las grandes obras de los autores inmortales y añado sus ideas a mi lista del amor, algunas de esas ideas permanecen. Si pongo mi mente repetidamente en los grandes momentos de redacción de mis propias inspiraciones, éstas empiezan a ponerse de manifiesto en mi vida.

Estamos aquí como cocreadores. Estamos aquí para crear la materia de este mundo y moldearla de acuerdo con nuestra certeza y presencia de expresión más inspiradas.

Quienquiera que tenga la expresión más poderosa y el foco más concentrado atraerá los recursos del mundo que hay a su alrededor y se pondrá de manifiesto.

La persona que escucha a su yo o a su alma más íntimo y auténtico expande su horizonte y mira desde ese mayor horizonte, hacia el interior. Si lees tu misión cada día y la sigues refinando, verás claramente, y los detalles que introduzcas en ello disolverán las obstrucciones y los retos con los que puede que te encuentres, porque cada detalle que te dejes fuera puede convertirse en un reto que introduzcas.

Tu pensamiento dominante más íntimo se convierte en tu realidad tangible más externa. Cuanto mayor sea la claridad de tu visión, más resiliente se volverá tu vida.

Tomar una bocanada de aire

Un hombre joven acudió a Sócrates diciéndole:

—Sócrates, quiero ser un hombre sabio. Quiero aprender todo lo que tú sabes. Quiero ser y conocer todo lo que conoces.

Sócrates lleva al hombre joven a la playa, dando un paseo, y le mete en el mar. Finalmente, Sócrates le dice:

—¿Así que quieres aprender?

—Quiero aprenderlo todo. Estoy comprometido –dice el hombre joven–. Seré tu mejor alumno.

Sócrates empuja la cabeza del hombre joven hacia abajo, dentro del agua, y la mantiene ahí. Él empieza a retorcerse y luchar un poco. Entonces Sócrates le saca la cabeza del agua. El hombre joven dice:

—Sócrates, voy en serio. Quiero aprender de ti.

—¿Así que quieres aprender?

Sócrates vuelve a meter la cabeza del hombre joven en el agua, y esta vez le tiene ahí durante un minuto o dos, hasta que éste patalea y lucha por su vida.

Por último, el hombre joven sale del agua y le dice:

—Sócrates, ¿qué narices estás haciendo? ¡Estás loco! Quiero aprender de ti. Parece que estás intentando matarme.

Sócrates vuelve a meter la cabeza del hombre joven en el agua y le mantiene ahí durante dos o tres minutos hasta que pierde el conocimiento. Entonces toma al hombre joven, le lleva a la playa, le estira sobre la arena y le reanima. Mientras el hombre joven vuelve a la vida, escupiendo agua, Sócrates dice:

—Cuando quieras aprender de mí tanto como querías dar una bocanada de aire, estaré aquí para enseñarte.

Cuando tienes un porqué lo suficientemente grande, que está ligado a tus valores más elevados, el maestro aparece. La orientación, la creatividad y todo lo demás necesario surge y se pone de manifiesto.

Empoderamiento y desempoderamiento

Ahora piensa en esto. Si alguien acude a ti y te critica duramente, y entonces intentas ir al trabajo, posiblemente te verás distraído, ¿verdad? Cualquier persona con la que estés obsesionada o cualquiera con quien estés resentido consumirá tu mente. Te dominará y estarás desempoderado debido a la distracción. Si te permites estar obsesionado o resentido, permitirás que estas personas te distraigan y te subyuguen, y entonces no dirigirás tu vida desde tu interior, sino que tus percepciones desequilibradas sobre ellas te dirigirán ahora. Estando automáticamente desempoderado, te vuelves emocional, inseguro y distraído por la fantasía o el miedo.

Si pones a alguien en un pedestal, te minimizarás en relación con él. Si le rebajas y rechazas, temes que vuelva a resurgir, por lo que, una vez más, te está distrayendo. Te desempoderas a ti mismo en cualquier momento en el que le pones por encima o por debajo de ti. Cuando sitúas a alguien por encima o por debajo de ti, tus percepciones erróneas sobre ellos te dominan. Aquéllos a los que pongas en un pedestal acabarán en algún momento hundidos en un pozo, y aquéllos a quienes hundas en un pozo finalmente los pondrás en un pedestal. Sin embargo, en el preciso momento en el que los niveles y los sitúes en equilibrio en tus propias percepciones, los introducirás en tu corazón.

Como te preocupas por ellos, no exageras ni minimizas, y no los sitúas en un pedestal ni los hundes en un pozo. La realidad es que todos ellos son dignos de amor, pero ninguno de nosotros es digno de ser puesto en un pedestal ni hundido en un pozo.

Nos empoderamos en el grado en el que expresamos esa perspectiva equilibrada. Nos desempoderamos en el grado en el que juzgamos y ponemos a los demás en pedestales o los hundimos en pozos. Si queremos empoderarnos para vivir nuestra misión y generar un impacto en el mundo y ser resilientes, será bueno que dominemos el arte de no permitir que nuestras interpretaciones erróneas de los demás nos dirijan. Debemos trabajar para mantener una perspectiva equilibrada. Si puedes hacer preguntas de calidad, que traigan equilibrio a tu perspectiva, las personas que hay a tu alrededor no te dirigirán, sino que *tú* te dirigirás a ti mismo, y quienquiera que tenga la perspectiva más equilibrada y ame más será el que domine el juego.

Las dos caras del amor

Si estás en una relación, a veces te sientes atraído por la otra persona, y en otras ocasiones sientes repulsión. Te gusta o te disgusta. Atracción y repulsión. «Acércate a mí»; «Apártate de mi vista»; «No me abandones»; «Déjame solo»; «Te quiero, cariño»; «Apártate y mantente alejado». Avanzamos y retrocedemos en esta dinámica, y esto recibe el nombre de la dinámica del amor condicional. La atracción y la repulsión son las dos caras del amor condicional. En ocasiones, pondrás a la persona a la que amas en un pedestal, y en otras ocasiones la menospreciarás. La apoyarás en una ocasión y la retarás a la siguiente. Te gustará y luego te disgustará. Irás de un lado a otro.

Las relaciones oscilarán de esta forma a no ser que dispongas de una perspectiva perfectamente equilibrada y que estés sereno en la presencia y la gracia de un momento de amor incondicional. En ese momento dispondrás de una intimidad sagrada que será indestructible. El resto de todo ello serán ilusiones emocionales internas dirigidas por percepciones de ilusiones externas. La persona empoderada, presente y convencida puede percibir conscientemente, con una conciencia plena y con equilibrio. Si tienes un desequilibrio, tendrás basura en cuanto a tu percepción, y si metes basura, sacarás basura.

Nuestras relaciones con nosotros mismos y con la gente a nuestro alrededor son angustiantes en la medida en la que padecemos estos desequilibrios de la percepción. Nuestras relaciones son equilibradas, presentes y «eustresantes» (estresantes de una forma significativa y que provoca bienestar), en la medida en la que las tenemos equilibradas de forma sincrónica. Así es como nos empoderamos. También nos empoderamos identificando los valores de las otras personas y preocupándonos lo suficiente de ellas para comunicar nuestros valores superiores en términos de los suyos.

Hay algo llamado *dedicación* o *cuidado,* que significa minimizar tus valores y enfatizar los de la otra persona. Caminas pisando huevos intentando complacerla. También tenemos el *descuido* o *indiferencia,* en el que piensas, hipócritamente, que tus valores superiores son más importantes, proyectas tus valores sobre la otra persona y se «supone» que ella debe vivir de acuerdo con ellos.

También tenemos la *preocupación* o *empatía,* en la que comunicas tus valores más elevados de forma respetuosa en términos de sus valores. Honras a ambos por igual. Ésta es la clave para un intercambio justo y sostenible en tu relación que puede ayudar a que dure. Genera resiliencia, equilibrio y resistencia. Los otros son estados emocionales oscilantes y temporales.

Si pones a alguien en un pedestal, te sometes a su sistema de valores. Cuando te escuches decir: «Debería estar haciendo esto» o «Se supone que tendría que hacer aquello», estás inyectando sus valores en tu vida. Te estás minimizando en relación con alguna autoridad externa, y le estás dando a esa autoridad y a su sistema de valores la autoría y la gobernanza de tu vida. Recuerda que tu jerarquía de valores dicta tu destino. Tratar de vivir la vida de otra persona es automáticamente fútil y, con el tiempo, puede ser fatal. Tal y como afirmó Ralph Waldo Emerson: «La envidia es ignorancia y la imitación es suicidio». Si intentamos vivir según los valores de otra persona, nos preguntaremos por qué no podemos permanecer motivados, pero se deberá a que estamos intentando ser alguien que no somos y a que estamos yendo contra lo que de verdad es más importante para nosotros intentando expresarse hacia fuera desde el interior.

No hace falta ninguna motivación externa para vivir de acuerdo con tus valores superiores, pero es necesaria una tremenda motivación externa para intentar vivir los valores de otra persona. Si pones a los demás en pedestales, puede que incluso llegues a pensar que su vida es más importante que la tuya. Muchas personas en este planeta hacen esto e inconscientemente se convierten en algo así como en mártires.

Ahora el otro lado de la ecuación: puedes ir por ahí como un santurrón, pensando que eres más grande, más genial y más versado, por lo que puedes negar, arrogantemente, a otra persona. En lugar de inyectar los valores de otra persona en ti, tú proyectas los tuyos: «Deberías estar haciendo esto». «Deberías estar haciendo eso». Esto es demasiado fútil.

En cualquier caso, estás desempoderado, y en ese estado no materializarás tu vida ni vivirás tu misión. Es improbable que vivas y satisfagas tu misión mientras intentes vivir de acuerdo con los valores de otra persona. Mientras menosprecies a otros, también van a ocupar espacio y tiempo en tu mente y a dirigir tu vida; pero también van a dirigir tu vida mientras los exaltes. La autorrealización no consiste en ensalzar o menospreciar a la gente, sino en situarla en tu corazón y comunicar qué te está inspirando en términos de lo que es inspirador para ella.

Áreas de empoderamiento

Hay varias áreas de la vida que puedes empoderar en tu interior. La primera es el *empoderamiento espiritual.* Una persona que esté espiritualmente empoderada puede ser alguien como el Dalái Lama, la madre Teresa, Martín Lutero o cualquiera que tenga una misión dirigida intrínsecamente y expandida, inspirada o espiritual.

Todos aquí tienen una misión inspirada o espiritual en su camino. Rose Kennedy escribió: «Mi misión inspirada para la vida es criar una familia de líderes mundiales». A eso es a lo que se dedicó y por lo que se vio inspirada. Ése fue su plan maestro organizado. Podemos devolver cosas al mundo en agradecimiento por la vida que hemos recibido y creado.

Una segunda área de empoderamiento es la *mente.* Mediante el desarrollo de nuestro poder mental, despertando a nuestro genio y persiguiendo el conocimiento en el área de nuestros valores superiores, iniciamos el orden por exceso de atención, que puede permitirnos tener una mente más fotográfica.

A veces, conoces a una persona. Medio segundo después, otra persona pregunta: «¿Quién era ese?», y tú dices: «No lo sé»; pero también has conocido a gente cuyo nombre has recordado durante diez años. No te olvidas de la persona que es importante y está vinculada a tus valores superiores, pero te olvidas instantáneamente de la persona que no es importante. Nos ponemos quisquillosos con la gente con la que no podemos entendernos o que no ha vinculado quiénes son ellos con nuestros valores más elevados, pero podemos estar durante horas con las personas con las que podemos establecer vínculos.

Cuando estás besando a tu amante, dos horas parecen dos momentos. Mientras estás esperando un tren, dos momentos parecen dos horas. Cuando estás en sintonía con tus valores superiores, el tiempo se acelera, va más deprisa, pero si estás yendo en contra de tus valores más elevados, el tiempo se ralentiza y le lleva una eternidad. Nuestras emociones distorsionan el tiempo y el espacio y nos desempoderan. Si poseemos una perspectiva equilibrada y vemos las cosas en orden, entonces estaremos preparados, presentes y empoderados. Podemos empoderar nuestra vida espiritual si nuestro corazón nos orienta y estamos equilibrados y mentalmente inspirados.

La tercera área de empoderamiento es la *trayectoria profesional.* Podemos empoderar nuestra trayectoria profesional encontrando nuestra área singular de contribución y servicio: muestra misión, llamada o profesión. El cuerpo y la mente son capaces de hacer realidad nuestra misión más inspirada, y podemos dominar y expresar las habilidades necesarias. En mi situación, se trata de enseñar, investigar, escribir, sanar y la filosofía. Eso es lo que hago más hábilmente. Eso es lo que me encanta hacer. Puedo estar en una de mis oficinas o en mi barco hasta las tres de la mañana trabajando en ello a diario. Nadie tiene que motivarme extrínsecamente para hacer lo que más me gusta.

Lo creas o no, ya posees un gran logro, o lo que algunos llaman «éxito», pero cada persona consigue sus grandes logros de acuerdo con sus valores singulares más elevados. Una vez, un médico vino a mí y me dijo:

—Doctor Demartini, necesito que me ayude a ser más exitoso.

—De acuerdo. ¿En qué área es usted exitoso?

—En ninguno. Quiero su ayuda para ser exitoso.

Le volví a preguntar:

—De acuerdo. ¿En qué área es usted exitoso?

—Doctor Demartini, no me está usted escuchando.

—No, *es usted* quien no está respondiendo. ¿En qué es usted ya un éxito?

—No lo soy en nada. No atiendo a tantos pacientes como me gustaría.

—Así pues, ¿en qué es usted un éxito? Vuelva a fijarse.

—Imagino que tengo una relación exitosa con mi mujer. Nos llevamos genial. Y sí, imagino que mi hijo y yo también tenemos una relación genial. Soy entrenador de un equipo de béisbol, y puede que este año ganemos el trofeo. Y mi suegra vive en nuestra casa. La mayoría de la gente es incapaz de llevarse bien con su suegra, pero nosotros nos llevamos genial. También estoy teniendo un apostolado seglar exitoso en mi iglesia. Sí, imagino que tengo algo de éxito.

—¿Sabe que ya dispone de logros o éxito en las áreas que concuerdan con sus valores más elevados? No va a tener ni más ni menos; pero si modifica su jerarquía de valores, tendrá una forma distinta de logro o éxito.

Se estaba comparando con otro médico, al que consideraba exitoso. Le pregunté:

—¿En qué áreas están las debilidades o los llamados fracasos de este otro médico?

Reflexionó y se dio cuenta de que el otro hombre no tenía la misma relación con su esposa o su hijo.

—¿Se cambiaría de lugar con esa persona?

—No, no. Me encanta lo que tengo.

—Honre, agradezca y ame lo que ya es, hace y tiene, porque cuando lo haga, recibirá y conseguirá más por lo que estar agradecido.

Este hombre acabó por darse cuenta de que no necesitaba el éxito. Simplemente deseaba cambiar una parte de la forma de éxito que ya tenía. Si modificas la jerarquía de tus valores, modificas la forma de tu logro o éxito. Si identificas primero que lo tienes, no irás buscándolo. Si vas al banco a que te presten cien mil dólares, primero te pedirán cien mil dólares a modo de aval. Si puedes mostrárselo, te darán esa cantidad. De forma similar, en el mismo segundo en el que te des cuenta de que ya tienes éxito, tu vida y el mundo te lo darán de la forma que verdaderamente valoras más. En el mismo segundo en que lo niegues, estarás intentando, en vano, conseguir algo que ya tienes. No lo reconoces porque estás intentando crearlo de una forma que encaje en el sistema de valores superiores de otra persona. Estarás deshonrando tu propio sistema de valores y poniendo el suyo en un pedestal. Una vez que identifiques tus valores superiores, comprenderás dónde se encuentran ya tus logros y tu éxito porque vives tu vida de acuerdo con tu propia jerarquía de valores, y no con la suya.

No tengo razón por dedicar mi vida al estudio de los principios de la maximización de la conciencia y el potencial humanos y de las leyes del universo, pero tampoco estoy equivocado. Simplemente tengo un conjunto de valores único. Puede que otra persona dedique su vida a algo completamente distinto. Puede que ella me mire y piense: «Oh, tiene éxito». Puede que yo la mire y piense que es exitosa. O puede que pensemos que nosotros no lo somos y que queramos proyectar nuestros conjuntos de valores distintos el uno sobre el otro.

Las dos caras del amor

El verdadero amor no sólo es agradable, dulce y positivo: el verdadero amor es tanto agradable como desagradable, amable y cruel, positivo y negativo, alentador y desafiante, pacífico y bélico, cooperativo y competitivo. Una vez que redefinimos el amor como un equilibrio de los muchos estados opuestos complementarios, nos damos cuenta de que estamos rodeados de amor veinticuatro horas al día. Mientras estemos buscando amor de una forma unilateral, estaremos buscándolo toda nuestra vida y probablemente nos lo perderemos.

La gente acude a mí y dice: «Doctor Demartini, estoy buscando a mi media naranja. Quiero que sea alentadora, agradable y simpática y, por supuesto, preciosa o bien parecido». La persona describe una serie de estados unilaterales. Eso es como intentar cortar un imán por la mitad y quedarte sólo con un lado. El magnetismo significa aceptar todo el imán: lo positivo y lo negativo, lo atractivo y lo repulsivo, lo bueno y lo malo, lo amable y lo cruel, lo agradable y lo desagradable. «Me gustas» y «Me disgustas». «Entra en mi espacio, cariño» y «Sal de mi espacio».

Si te ves respaldado en el trabajo y todos creen que eres el más grande, puede que sea tu cónyuge el que esté esperando y te cante las cuarenta cuando llegues a casa; pero si estás desanimado, puede que sea tu cónyuge el que te anime. El objetivo de una relación cariñosa no es sólo la felicidad hedonista o el simple hecho de apoyar, sino el de equilibrarte y estabilizarte, lo que te ayuda a ser auténtico. Si estás animado y te gustas, tu compañero tirará de ti hacia abajo, hacia el equilibrio. Si estás desanimado, tu compañero te animará. Tu cónyuge te machacará o te pulirá para hacerte estar en el centro de tu corazón.

Si eres un adicto al placer y no estás dispuesto a soportar el dolor, estarás pensando que tu relación no funciona, aunque, en realidad, está funcionando magníficamente. El verdadero amor es un acto de equilibrado sincrónico. La persona que más te quiere es la que está dispuesta a levantarte o dejarte caer y devolverte al interior de tu corazón. Si te sitúas por encima de tu verdadero yo, te conviertes en alguien que se cree moralmente superior. Entonces atraes la tragedia, la crítica, el desafío y las circunstancias que te enseñan humildad. Si te sitúas por debajo de ti mismo, obtienes comedia, elogios, apoyo y circunstancias que desarrollan tu orgullo. En el mismo momento en el que entramos en el centro, nos encontramos con que la persona a la que amamos momentáneamente simplemente nos ama incondicionalmente.

Piensa en una familia en un coche. El padre y la madre están sentados tranquilamente delante, y la hija y el hijo (hermano y hermana) están detrás, peleándose. Están gritando, chillándose y pinchándose el uno al otro.

Al final, la madre se da la vuelta y dice: «Johnny, Anne, por favor, dejad de pelearos». Algunos segundos después, empiezan de nuevo, y la madre se gira y dice: «Creo haberos dicho que dejarais de pelearos». Algunos segundos después vuelven a pelearse. La madre les dice: «¿No os he dicho que dejarais de pelearos?». Una vez más, vuelven a pelearse al cabo de unos minutos.

El marido, que está conduciendo, está acumulando tensión. Al final se detiene en el arcén, sale del coche y riñe a los niños.

Ahora, el padre y la madre, sentados delante, están tensos y están en guerra. «Quizás hemos sido muy duros con ellos».

«Bueno, si hubieras hecho esto y aquello…».

Ahora hay paz detrás y guerra delante. Mientras siguen avanzando por carretera, los padres empiezan a calmarse. En cuanto lo hacen, los niños empiezan a discutir o pelearse en la parte posterior.

La familia implica un equilibrio de paz y guerra, cooperación y competencia, apoyo y desafío, bueno y malo, amable y cruel, agradable y desagradable, atracción y repulsión. Eso no es ninguna disfunción. Es una función perfectamente comprensible una vez que entiendes que el amor tiene dos caras y que cada uno de los miembros de la familia está ayudando, consciente o inconscientemente, a los otros miembros de la familia a estar equilibrados y ser auténticos y a experimentar toda la expresión del amor.

El verdadero amor nos rodea las veinticuatro horas del día. No podemos escapar de él. Ése es, realmente, un gran descubrimiento, pero cuando estemos buscando una forma de amor con sólo una faceta, estaremos buscando, toda nuestra vida, algo que somos incapaces de encontrar.

Para percibir el amor en cualquier circunstancia, es importante redefinir qué es el amor, de modo que dispongamos de una perspectiva más equilibrada y realista. El budismo dice que alcanzar lo que es inalcanzable e intentar evitar lo que es inevitable es la fuente de nuestro sufrimiento. Si estamos buscando un polo de un imán, acabaremos pensando «Nunca encontraré esto», porque es fútil.

Otro aspecto del amor es el de comunicarse a través de los valores más elevados de la otra persona. Las ventas, por ejemplo, consisten en encontrar el valor más elevado del cliente o su motivo dominante para la compra y en explicar la importancia de tu producto o servicio en términos de sus valores más importantes y significativos.

Amar a alguien en una relación es similar a vender. La lealtad, la confianza y el compromiso no son lo que otras personas te ofrecen, sino que son lo que tú haces para ayudarlas a cumplir lo que es más importante para ellas: sus valores superiores y lo que parecen hacer en correspondencia. Pueden confiar en que serán fieles, dignas de confianza y estarán comprometidas con la consecución de sus propios valores más altos, más que de los tuyos.

Si estoy dispuesto a comunicarme respetuosamente y ofrezco algo en términos de los valores más elevados de mi pareja, ella va a parecer ser leal y estar comprometida, y yo puedo confiar en que ella hará lo que sea que más satisfaga sus necesidades; pero no puedo confiar en que ella haga nada más que lo que esté más alto en su lista de valores. Es mi responsabilidad comunicarme en términos de esos valores, en lugar de esperar que ella viva fuera de ellos o dentro de los míos.

Esto no sólo es cierto en el caso de tu cónyuge, sino que es cierto en el caso de la gente de todo el mundo. En cuanto vaya en contra de sus valores superiores, intentarán constreñirme. En cuanto me comunique en términos de sus valores superiores, me proporcionarán libertad. Cualquiera de nosotros que en nuestra vida hemos experimentado eso, pensamos que no era parte del amor: ése es nuestro espejismo.

Cuando alguien te está apoyando, otra persona te está retando. Retrocede tanto como puedas recordar en tu vida e identifica a cada persona altamente alentadora o retadora que puedas. Elabora una lista con ellas. En el momento en el que pensaste que alguien había sido bueno o malo contigo, pregúntate quién, en ese mismo segundo, estaba haciendo justo lo contrario. Hará que te explote la mente. La naturaleza dispone de una forma de mantener un equilibrio entre los alentadores parecidos a presas y los retadores parecidos a depredadores en la cadena alimentaria social de nuestra vida.

Carl Jung, el psiquiatra y escritor, descubrió algo parecido, y lo llamó *sincronicidad.* La sincronicidad es el percatarte de que cuando eres respaldado, también estás siendo igualmente retado, y cuando eres desafiado también te ves apoyado. No te verás tratado amablemente sin también y simultáneamente verte tratado miserablemente y viceversa, ya sea por una o por varias personas, hombres o mujeres, cercanos o lejanos, reales o virtuales. No experimentarás un evento unilateral, pero como proyectas tu sistema de valores sobre las cosas, filtrarás tus percepciones del mundo a tu alrededor de esa forma y llegarás a la conclusión de que hay cosas como los eventos unilaterales. Esta ilusión unilateral se debe, principalmente, a que filtras tu realidad y tienes una percepción incompleta y una conciencia limitada debido a los sesgos subjetivos de tu amígdala necesarios para las emergencias y la supervivencia básica.

El maestro ve ambas caras de los eventos simultáneamente, de forma sincrónica o de una forma amorosa. La conciencia de ser una víctima pertenece a la gente que ve un lado de los eventos y rehúsa buscar el otro lado. Ven la crisis sin ver la bendición, o viceversa.

El designio divino

Echa un vistazo a tu vida, haz una lista de cada vez que una persona fue mezquina contigo, y entonces regresa al presente en ese preciso momento de percepción y permite que tu intuición revele quién estaba siendo amable en ese mismo momento. La(s) persona(s) que estará(n) representando simultáneamente el opuesto exacto será(n) una o varias, hombre o mujer, cercano o lejano, real o virtual. Descubrirás que todos están actuando en una matriz magnífica, de una forma muy organizada e inteligente. Yo llamo a eso el orden oculto de los contrastes simultáneos del planeta, que devuelve todo a su equilibrio y aportan un amor verdadero y armónico en su máxima expresión. Estamos rodeados de amor, y todo lo demás es ilusión. Cuando nos despertamos a las profundidades de ese conocimiento, no podemos escapar del amor. Nos rodea las veinticuatro horas del día, por todo el mundo. Si hacemos preguntas que aporten equilibrio y orden a nuestras percepciones, nos sentiremos agradecidos por el orden, que entonces abrirá nuestro corazón al amor.

El físico David Bohm dijo que hay un orden implicado en el universo. El reverendo Gerald Mann también dijo que hay un orden subyacente en el universo a todos los niveles, desde el subatómico al astronómico, y la humanidad se encuentra en medio de ese orden. Cuando abrimos nuestro corazón viendo el equilibrio, nos vemos honrados e inspirados. Nos volvemos resueltos, marcamos una diferencia a una escala cada vez mayor, nos sentimos rodeados de amor. Es en este estado de plena conciencia como maximizamos nuestra resiliencia más magnífica.

Elabora una lista con todo lo que sucede en tu vida cotidiana. Anota cualquier cosa que no te resulte inspiradora, pese a que quizás creas que debes llevarla a cabo. Pregunta cómo llevar a cabo esa actividad temporalmente, hasta que puedas delegarla, te ayudará a satisfacer tus valores más elevados y tu misión. Responde a esa pregunta con responsabilidad muchas veces y observa cómo cambia tu estado de ánimo.

Al principio, pensarás: «No me resulta inspiradora. Ésa es la razón por la cual no me gusta hacerla». Pero vuelve a fijarte. No es lo que te sucede a ti, sino que es cómo lo percibes. William James dijo que uno de los grandes descubrimientos es que los seres humanos pueden modificar su vida alterando sus percepciones y actitudes mentales.

Toma todo lo que haces en un día y pregúntate: «¿Cómo, llevar a cabo esta actividad, me ayudará a satisfacer mi misión en este planeta, o a hacer realidad lo que es más inspirador e importante para mí?».

No dejes de hacerte esa pregunta, y no dejes de hacer una lista con las respuestas hasta que afloren lágrimas de gratitud en tus ojos, ya que, si no ves el vínculo con tus valores más elevados, se convertirá en fricción en lugar de en combustible, en una carga en lugar de en inspiración. Te distraerá en lugar de concentrarte, pero si puedes enlazar lo que estás haciendo con tu valor superior, inspirarás tu vida.

A continuación, anota cada asunto que haya en tu mente (personal, profesional, económico, de negocios, o lo que sea). Apúntalo y luego hazte estas preguntas:

1. ¿Es esto algo con respecto a lo que pueda hacer algo? Si puedes, genial. Si no, sé consciente de que no puedes hacer nada en lo tocante a eso y apártalo de tu mente, échalo fuera.
2. ¿Es algo que yo debo hacer o algo que delegar? Si es algo que puedas hacer, anota cuándo vas a hacerlo, y pon una fecha de cuándo empezarás a emprender acciones con respecto a ello. Si no es así, apunta a quién se lo vas a delegar y cuándo. Apártalo de tu mente ahora, y colócalo en la fecha en la que es buena idea llevarlo a cabo. Llenamos nuestra mente de cosas que no se harán durante días, semanas, meses o años. Enturbiamos nuestra men-

te y no nos permitimos ser poderosos y estar presentes hoy porque estamos distraídos por las cosas que pensamos que tenemos que hacer mañana.

Unos lápices pequeños son mucho mejor idea que una memoria portentosa. Toma esas tareas y disuelve las distracciones situándolas en franjas de tiempo adecuadas para ti o para otros y ponles fecha. Ten una agenda electrónica o de otro tipo que te permita ocuparte de esas tareas, de forma que puedas estar presente e inspirado sobre las cosas que son la mayor prioridad hoy. Esto libera nuestra mente de la distracción e incrementa nuestra resiliencia.

Por lo tanto, primero vincula todo lo que haces con lo que se encuentra más arriba entre tus valores. Sigue puliendo ese proceso. Entonces haz una resolución con respecto a las distracciones listando todo lo que tienes en la mente hoy y situándolas en una de entre cuatro categorías: *hacer, delegar, eliminar* y *fechar*.

Hablé con Mary Kay Ash, fundadora de Mary Kay Cosmetics, antes de que falleciera. Le pregunté:

—¿Hay algún consejo que pueda dar a un joven aspirante a conferenciante internacional?

Ella me dijo:

—Cada día, anota seis o siete de las acciones de mayor prioridad que podrías llevar a cabo ese día. Apúntalas, priorízalas, ejecútalas en su orden prioridad y recompénsate ese día añadiendo algo a tus ahorros o inversiones, y esa noche con un buen sueño. Eso te ayudará a cumplir tus aspiraciones. Quienquiera que tenga la agenda diaria prediseñada domina el juego, por lo que tú también podrías tener una agenda para tu propia vida.

El designio divino

Tengo una ley llamada la ley Demartini. Dice que cualquier espacio y tiempo que no esté lleno de acciones de prioridad elevada se llenará de distracciones de prioridad baja. Eres responsable de concentrarte en los asuntos con la mayor prioridad, y luego llenar tu día llevándolos a cabo. Mediante la priorización, incrementas la probabilidad de vivir tu misión más inspiradora.

El siguiente paso a dar para estar inspirado más intrínsecamente consiste en leer y releer la afirmación de tu misión o propósito. Léela cada día, refínala y síguela leyendo y puliendo.

La afirmación de mi misión, que redacté por primera vez en 1972, se ha actualizado y microrrefinado ochenta veces desde entonces. Empezaba diciendo: «Dedico mi vida al estudio de las leyes universales según se relacionan con la mente, el cuerpo y es espíritu, y especialmente con la sanación. Quiero viajar por el mundo, investigar estas leyes y compartirlas en cada país y con cada persona a la que se pueda llegar en el mundo. Quiero que me paguen estupendamente y vivir una vida inspirada y privilegiada». Siguió evolucionando hasta el punto en el que ahora es una afirmación incluso más resumida, concentrada y detallada. Siempre que me encuentro con algo que me inspira, lo incluyo en mi libro de misiones. Lo lleno sólo con objetivos que me resultan inspiradores y que son congruentes con lo que más valoro.

A continuación, rodéate de gente que esté inspirada y lee su biografía, o biografías de otras personas inspiradas. Aprovecha las oportunidades para estar cerca de gente muy congruente, auténtica y que tiene un impacto. Es algo que se pega. Ésta es otra clave para expandir tu resiliencia.

El dinero y el objetivo

Algunos dicen que, si vas tras tu objetivo, el dinero le seguirá. Yo no digo eso. Tienes una jerarquía de valores. Cuando el dinero entra en tu vida, lo gastas de acuerdo con esa jerarquía.

Digamos que tengo una lista de diez valores, y que el que ocupa el lugar más bajo es ganar, ahorrar e invertir dinero y ser económicamente rico. El más elevado es la salud y la educación de mis hijos, mi casa, mi coche y mis vacaciones. Si obtengo diez mil dólares, ¿cómo gastaré ese dinero? Pues de acuerdo con estos valores. ¿Dispondré de dinero a final de mes?: no. La jerarquía de tus valores dicta cómo gestionas tu dinero. Si no dispones de riqueza, independencia económica o de ahorros e inversiones entre tus primeros cuatro o cinco valores, no es probable que la riqueza económica se ponga de manifiesto en ti. No te decidirás a ahorrar e invertir porque todo lo demás es más importante. Trabajarás por dinero en lugar de que el dinero trabaje por ti.

Asesoré a un caballero que ganaba más de 6 millones de dólares al año. Al final del año tenía una deuda de 329 000 dólares con la agencia tributaria. Conozco a otra persona que ganaba 2000 dólares mensuales, ahorraba 400 y tenía más dinero al final del año que el médico para el que trabajaba, que ganaba más de 6 millones de dólares anuales. Su deseo de tener caprichos, hacer viajes, tener casas y barcos y llevar un estilo de vida lujoso le hacía gastar más de lo que destinaba a ahorrar, inversiones e impuestos. No es la cantidad de dinero que ganas lo que cuenta, sino que es cómo gestionas lo que ganas, y tu jerarquía de valores determinará cómo lo gastas y lo gestionas.

Si vives de acuerdo con tus valores superiores y asignas un gran valor al desarrollo de riqueza económica, podrías acabar teniendo riqueza económica. La riqueza económica también requerirá que dediques tus otras formas de activos ocultos y riqueza a algo que le sirva a la gente, de modo que puedas obtener ingresos para ahorrar e invertir; y el valor del desarrollo de riqueza económica te permitirá conservar ese dinero. Sólo el 1 % de la población alcanza la independencia económica, y tiene un conjunto de valores distinto al de la gente que no la alcanza. Hasta que asignes un mayor valor al desarrollo de la riqueza económica, la prosperidad seguirá apareciendo de otras formas. Estas otras formas pueden ser en las áreas de la riqueza familiar, la riqueza en las redes sociales, la riqueza de la propiedad intelectual, la riqueza de la conciencia espiritual, la riqueza de la destreza empresarial o la riqueza del bienestar físico, o simplemente de consumibles que pierden gradualmente valor con el tiempo.

Algunas personas dicen: «Sé cuál es mi objetivo, pero también quiero independencia económica». No. Sólo dices que quieres independencia económica. Si tu vida no está mostrando pruebas de hacer crecer la riqueza económica, no es tan importante como fantaseas o imaginas.

Estaba hablando a un grupo de cinco mil personas en Sudáfrica, y les pregunté: «¿Cuántos queréis ser económicamente independientes?». Todos levantaron la mano. Cuando pregunté cuántos eran, realmente, independientes económicamente, sólo siete mantuvieron la mano levantada. Eso refleja y demuestra que más del 99 %de la población vive en una fantasía con respecto a la independencia económica. Lo que imaginan no es la independencia económica, sino gastar dinero en sus estilos de vida inmediatamente gratificantes, como algunos de los ricos y famosos poco inteligentes: en consumibles que pierden valor y que erosionan su potencial para el desarrollo de riqueza. La persona que de verdad quiere ser económicamente rica estudia los números, las probabilidades y estadística. Trabaja y ahorra una parte de sus ingresos e invierte otra parte. Se trata, más frecuentemente, de un enfoque paciente y metódico con respecto al desarrollo de riqueza económica a través de los ahorros y unas inversiones sensatas, y no de un juego emocional inmediatamente gratificante de especulación por impulso el que consigue los resultados.

¿Tienes ahorros? ¿Estás invirtiendo ya? ¿No? Entonces no le asignas realmente valor al desarrollo de riqueza. Es más probable que tengas una fantasía sobre llevar un estilo de vida, y las fantasías no te hacen alcanzar resultados. Muchas personas piensan en términos de yates, casas, coches y oro en lugar de en planes de negocio, hojas de balance, probabilidades financieras e informes de mercados, que son cosas mucho más valiosas que conocer para ser económicamente rico.

Una vez más, la riqueza económica tiene poco que ver con lo que ganas. Tiene todo que ver con tu jerarquía de valores, porque ellos determinan cómo gestionas tu dinero. No es cuánto ganas, sino cómo gestionas lo que ganas. Si gestionas lo que ganas inteligentemente y los ahorros, las inversiones y la independencia económica se encuentran en una posición alta en tu lista, ahorrarás, invertirás y acumularás activos que seguirán trabajando para ti.

Mientras ahorras, inviertes y acumulas activos, también incrementas tu nivel de paciencia y resiliencia.

Las leyes de la resiliencia económica

Aquí tenemos algunas formas de ahorrar: los ricos se pagan a sí mismos primero. Los pobres se pagan a sí mismos en último lugar. Si no te valoras lo suficiente como para situarte en la parte superior, ¿por qué irías a esperar que todo el mundo te pagase a ti primero? El mundo a tu alrededor refleja el mundo en tu interior. Si no te valoras y no te pagas a ti mismo el primero, nadie de fuera lo hará.

Siempre que recibes los ingresos que has ganado, es buena idea apartar una parte (por lo menos un 10, 20 o 30 %, o más) para su ahorro y después su inversión. Automatiza estos ahorros e inversiones electrónicamente, de modo que ninguna de tus posibles emociones volátiles pueda interferir en tus objetivos de desarrollar tu riqueza económica. Yo llamo a esto «la cuenta de la inmortalidad». Su objetivo es el de, con el tiempo, crecer hasta el punto en el que el dinero trabaje para ti más que tú trabajes por el dinero. Si el dinero trabaja para ti, tú eres su amo y él es tu esclavo. Si trabajas por el dinero, él es tu amo y tú su esclavo. Si nunca ahorras e inviertes, serás un esclavo del dinero. La gente que me dice: «El dinero no es importante para mí» seguirá siendo esclava del dinero.

Conozco a personas que valoran a los demás más que a sí mismas. En cuanto obtienen un dinero extra, cuidan de otra persona. Si te gusta pagar el diezmo y dar dinero a organizaciones de beneficencia, haz eso también, pero primero págate a ti mismo. Tienes un templo interior, y es buena idea que te pagues el diezmo a ti mismo, además de a otros. Págate a ti primero y deja que el dinero trabaje para ti, de modo que puedas servir y ayudar incluso más a los demás.

A continuación, toma los pasos de mayor prioridad que se ha demostrado que desarrollan la riqueza económica y vincula cada uno de ellos a tus mayores valores. Pregunta: *«¿Cómo dar estos pasos que está demostrado que desarrollan la riqueza económica me ayudarán a hacer realidad lo que es, verdadera y actualmente, más significativo e importante para mí?»*. Con cada respuesta que anotes, harás que el desarrollo de la riqueza económica ocupe un lugar superior en tu jerarquía de valores. Cuanto más hagas ascender el desarrollo de riqueza económica en tu lista de valores, más fácil será ver cómo se pone de manifiesto a tu alrededor. ¿Por qué? ¿Recuerdas al marido y la esposa que paseaban por el centro comercial? Los mayores valores de ella eran las actividades para los niños, por lo que ella percibía todo en el entorno que tenía algo que ver con los niños. Si las finanzas ocupan una posición alta en tu lista de valores, verás más oportunidades relacionadas con el desarrollo de la riqueza económica a tu alrededor. Si ocupan una posición baja en tu lista de valores, no verás tantas oportunidades en ningún lugar, ya que, una vez más, tu jerarquía de valores dicta cómo percibes, decides y actúas en el mundo.

Ten paciencia con el desarrollo de tu riqueza. Algunas personas quieren hacerse ricas rápidamente. La gente inteligente sigue ahorrando e invirtiendo metódicamente su dinero en lugar de gastarlo impulsivamente. Con el tiempo, ese dinero crece. Primero empieza en un banco o en una cuenta del mercado monetario, después posiblemente en algunas letras del Tesoro o bonos, dependiendo de los índices de interés en ese momento, y luego, con el tiempo, quizás vaya a acciones de compañías líderes y de empresas de alta capitalización, o incluso a acciones de compañías de capitalización media o inversiones inmobiliarias. Llegados a ese punto, el nivel de riesgo aumenta. No es buena idea salir ahí fuera y hacer una inversión arriesgada y especular antes de ahorrar y desarrollar algunas inversiones más conservadoras como base. Primero ahorra, luego invierte y sólo entonces especula. Si especulas sin ahorrar e invertir, al final tenderás a hundirte, pero si ahorras y sigues desarrollando un colchón más grande, luego inviertes sabiamente y te ganas, con paciencia, el derecho a especular, será menos probable que te vayas a pique, y menos dolor sentirás debido a cualquier posible volatilidad o caída. La independencia económica se da cuando los ahorros y las inversiones crecen hasta tal grado que el dinero ganado con el interés compuesto supera a la cantidad que ganas trabajando.

Hay un antiguo proverbio (que me estoy inventando) que dice: «Cuando la cartera está llena, más dinero entra en la cartera. Cuando la cartera está vacía, más dinero vuela». Lleva dinero encima. El orador motivacional Jim Rohn me enseño esto hace muchos años: lleva en tu bolsillo la cantidad de dinero que te gustaría ganar en un día. Lleva dinero. No lo gastes. No lo puedes tocar. Simplemente es dinero que llevas encima. Independientemente de lo que ganes en un día, llévalo encima. Si paseas y sientes que el dinero está ahí, tendrás un estado de consciencia distinto que si no lo sientes. Si no te queda más que un dólar, esto tendrá un impacto distinto que si tienes un buen fajo de dinero.

La gente rica suele tener montones de metálico. ¿Qué hay de las tarjetas de crédito? No es lo mismo. Las tarjetas de crédito pueden, a veces, meterte en deudas si no las manejas correctamente y no pagas todo lo que debes cada mes. Lleva dinero encima. No lo gastes, porque, una vez más, cuando la cartera está llena, más dinero entra en la cartera, y cuando la cartera está vacía, más dinero vuela.

Haz una lista de las personas más ricas e inspiradoras y lee sus biografías. Si es posible, ponte en contacto con ellas. Lo creas o no, en muchos casos hablarán contigo. Dales una razón que valga la pena. Invítales a comer para entrevistarlos honradamente.

Crea un *collage* y recorta fotos que te ayuden a visualizar exactamente la forma en la que quieres que sea tu vida. Asegúrate de visualizar cómo das los pasos y llevas a cabo las estrategias para conseguirlo. Si te gustaría vivir en la Riviera francesa o en un yate, recorta fotografías de estas cosas y míralas cada día. Dispón de un libro de sueños y escribe una afirmación en la parte inferior de cada página: «Soy multimillonario. Todo lo que toco se convierte en oro». Afirma y visualiza esas imágenes y las acciones esenciales para conseguirlas. Asegúrate de que las palabras y las visiones de estos pasos y resultados sean congruentes con lo que de verdad valoras más. Desarrolla la riqueza económica antes de estirar más el brazo que la manga y permite que tus ingresos económicos pasivos te compren tus sueños cada vez mayores.

Incluso aunque sólo apliques una pequeña parte de estos principios, eso podría suponer una diferencia en tu vida económica. Sé que han supuesto una diferencia en mi vida. El desarrollo de riqueza económica es otra magnífica clave hacia un grado cada vez mayor de resiliencia mental.

Gracias por honrarte por tu propia magnificencia y por creer que tienes derecho a alcanzar tus sueños. No estarías leyendo este libro si no fuera así. Por el mero hecho de que leas estas ideas, tu resiliencia está empezando a crecer.

Capítulo 2

El poder de tu valor más elevado

Tal y como hemos visto, todo el mundo vive de acuerdo con un cierto conjunto de normas. Además, todos tenemos una estructura de valores que es tan única como una huella dactilar o un patrón de retina. Este conjunto de valores determina cómo percibes el mundo. No hay dos personas con el mismo conjunto, por lo que no hay dos personas que vean el mismo mundo. Hay unos 8000 millones de mundos distintos ahí fuera. Como este conjunto de valores también afecta a la forma en la que actúas en el mundo, dicta tu destino.

Tus valores pueden cambiar, ya sea de forma gradual o como un cataclismo. Conocí a una encantadora mujer en Sudáfrica que tenía cuatro hijos. Una mañana, cargó el coche y fue al centro comercial. De camino, un camión destrozó por completo su coche y lo dejó hecho pedazos, y segó la vida de sus cuatro hijos. Ella fue la única superviviente. Por la mañana tenía cuatro hijos y era madre. Por la tarde ya no era madre. Ése es un cambio cataclísmico de valores. Algunas personas pueden experimentar un cambio de valores cuando sus hijos se van de casa para ir a la universidad. Otras pueden experimentar un cambio así cuando las despiden, deciden iniciar un nuevo negocio o pasan por un divorcio.

Tus valores pueden evolucionar a medida que maduras. Generalmente, hasta los diez años probablemente sólo querías jugar. Entre los diez y los veinte años probablemente querías socializar con tus amigos. Entre los veinte y los treinta años, generalmente quieres encontrar pareja y una trayectoria profesional. Entre los treinta y los cuarenta años probablemente quieres tener familia y encontrar tu camino en los negocios.

Algunos valores cambian más rápidamente que otros. Podríamos llamar a los que son más sostenibles *valores centrales.* El que ocupa el primer lugar es el *valor más intrínseco,* lo que significa que te ves inspirado espontáneamente desde tu interior para llevar a cabo las acciones que lo hagan realidad. No necesitas ninguna motivación externa, ningún incentivo. Nadie tiene que recordarte que lo lleves a cabo. En esta área, eres disciplinado y fiable, y estás concentrado de forma automática. Nadie ha tenido que recordarme nunca que investigara, o que viajara, enseñara y escribiera. Cada día hago estas cosas, y las haré allá donde me encuentre.

A medida que vas descendiendo por tu lista de valores, se vuelven más secundarios y extrínsecos, por lo que requieres de incentivos externos para motivarte. No necesitas ser motivado para hacer lo que ocupa las posiciones más altas en tu jerarquía de valores, pero en el caso de los valores que ocupan las posiciones más bajas, ciertamente requerirás de motivación externa, que incluye algún tipo de recompensas si los llevas a cabo y castigos si no.

Los muchachos de doce años a los que les encantan los videojuegos pueden sentarse y jugara ellos toda la noche de forma espontánea, pero puede que debas motivarles extrínsecamente para que paren y se vayan a dormir, o para que limpien su habitación, o para que hagan cualquier cosa que no sea una prioridad ni algo inspirador para ellos. Sin embargo, no necesitas motivarlos para que jueguen a sus videojuegos, ya que para ellos se trata de un valor superior y más intrínseco. Muchos progenitores intentan persuadir a sus hijos para que hagan lo que ellos creen que es valioso, pero simplemente se encuentran con resistencia y desafío.

La motivación no es una solución para la humanidad, sino que es un síntoma. No tengo ningún interés por la motivación en los negocios. No estoy interesado en usar la persuasión retórica para conseguir que hagas algo que no sea inspirador para ti. Educo a la gente en cuanto a acceder a lo que la inspira intrínsecamente, de modo que no necesitarán una motivación extrínseca. La recompensa y el castigo externos no son la clave para una vida resiliente.

Desarrollando resiliencia cerebral

Tu cerebro tiene neuronas y células gliales. Éstas superan en número a las neuronas en una proporción de unas nueve o diez a una, y responden a aquello a lo que prestes atención y a lo que pretendas hacer. Remodelan, neuroplásticamente, las neuronas de tu cerebro y hacen que se desarrollen, nutren y destruyen nervios para maximizar la consumación de lo que más valoras. Tu cerebro es un órgano que ha evolucionado para buscar y hacer realidad tus mayores valores. Al igual que la rama de un árbol, crece hacia el cielo, hacia la luz. Si alcanza la luz del Sol, adquiere más fuerza. Si no la alcanza, muere. Tus células gliales fortalecerán y empoderarán cualquier neurona que esté actuando y percibiendo de formas que te ayuden a hacer realidad lo que es más valioso para ti: tu camino hacia la luz.

Si no priorizas tu vida y no haces realidad lo que es más importante y valioso a diario, los centros subcorticales de tu cerebro te prepararán para las distracciones que surjan por el bien de la supervivencia más básica que, en último término, actúa como sistema de *feedback* para hacerte saber que te has apartado de lo que tiene una prioridad verdaderamente más alta y es más importante y auténtico.

Tu cerebro hace todo lo que puede para ayudarte. Es el director maestro de tu fisiología. Cada célula cerebral se ve afectada por tus células gliales y tu valor más elevado. Los síntomas físicos son mecanismos de *feedback* para hacerte saber cuándo eres auténtico y cuándo no, cuándo estás viviendo en un estado de congruencia con tu valor superior y cuándo no. Muchas enfermedades derivan de la subordinación a unas autoridades externas y a las inyecciones de los valores de otras personas en tu vida: intentar ser alguien que no eres. La enfermedad es un *feedback* para hacerte saber que no estás siendo auténtico, de modo que puedas hacerte regresar a tu valor más elevado, alrededor del que gira tu verdadera identidad.

El *telos*

Durante los últimos dos mil seiscientos años, los filósofos, y ahora los neurólogos y los neurocientíficos, han estado estudiando el impacto del valor más elevado. Recibe el nombre *telos* de Aristóteles y significa el «fin último» en el sentido de un objetivo o propósito. Napoleon Hill, autor de *Piense y hágase rico,* lo llamaba el «propósito principal». Ed Tulleson, uno de mis primeros mentores, dijo que es tu misión más magnífica. Es aquello por lo que estás aparentemente obsesionado, lo que te está inspirando, lo que sientes que es tu propósito principal o tu búsqueda más significativa. Otros escritores lo llaman el *objetivo primario.* El *telos* es tan importante que todo un campo de estudio llamado *teleología* (el estudio del significado y el propósito) ha crecido a su alrededor. Hacer realidad lo que es más importante cada día a lo largo de tu vida es la clave para maximizar tu rendimiento y tu resiliencia.

La fluidez y el flujo de tu vida son proporcionales a lo congruentes que sean tus intenciones con tu valor superior. Si tienes la intención y eres responsable con respecto a lo que sea que es más importante para ti, maximizarás la fluidez y el flujo de tu existencia cotidiana. En cambio, los retos, los obstáculos y la resistencia con la que nos encontramos son proporcionales a nuestra incongruencia con nuestro *telos.*

Una cualidad que nos roba *telos* consiste en compararnos con otras personas: intentar ser alguien que no somos. No estamos aquí para compararnos con ninguna otra persona del planeta. Estamos aquí para comparar nuestras acciones cotidianas con nuestros propios valores, misión y sueños más elevados. En el momento en el que nos volvemos congruentes, se dan las sincronicidades mágicas.

El centro ejecutivo del cerebro

El cerebro anterior humano, que incluye el córtex prefrontal y los dos hemisferios cerebrales, es la sección delantera y la capa del cerebro más avanzada, y recibe el nombre de *telencéfalo* (puedes ver la conexión etimológica con el *telos).* Cuando vivimos en congruencia con nuestro *telos,* el córtex prefrontal medial de nuestro telencéfalo se despierta e ilumina. Cuando vivimos de acuerdo con nuestro valor más elevado, despertamos a la parte más elevada y avanzada del cerebro. En el mismo momento en el que nos marcamos unos objetivos que están en sintonía con nuestro valor más elevado, nuestro telencéfalo provoca la maestría. Nos convertimos en los amos de nuestro destino y no en víctimas de nuestra historia.

Cuando despertamos a nuestro centro ejecutivo cortical prefrontal, iniciamos una visión inspirada y vemos un plan estratégico para hacerlo realidad. Nos sentimos llamados a actuar con respecto a él de forma espontánea y no nos vemos distraídos por los impulsos de supervivencia, o por instintos, placeres o dolores subcorticales. Estamos dispuestos a acoger todas las polaridades (el respaldo o el desafío, la facilidad o la dificultad) en la búsqueda de esta visión. Cuando podemos encontrar sentido en nuestros placeres y dolores por igual, hemos alcanzado la maestría de la vida. Dejamos de ser víctimas de nuestra historia. Cuando vivimos de forma congruente con nuestro *telos,* la parte avanzada del cerebro maximiza nuestro potencial, incluyendo nuestra conciencia sensorial y nuestras funciones motoras. Una de las cosas más importantes que podríamos hacer nunca es descubrir ese valor más elevado y zarpar como capitanes de nuestro barco, dueños de nuestro destino, y perseguir lo que es más importante y satisfactorio. Es a través de esta búsqueda como maximizamos nuestra resiliencia.

Para alcanzar la maestría de la vida, nos desprendemos de las acciones de una menor prioridad. Para llevar una vida inspirada, podemos delegar estas acciones y dedicarnos a lo que es más importante y significativo para nosotros. Tal y como ya he enfatizado, si no llenamos nuestros días de retos que nos inspiren, se llenarán de desafíos que no nos inspirarán.

Los retos que nos inspiran generan bienestar, mientras que los desafíos que no nos inspiran generan angustia y enfermedad. Puedes trabajar durante dieciocho o veinte horas al día sin angustia si estás haciendo algo que te inspira, pero en cuanto estés haciendo cosas con un valor bajo, te aburrirás o quemarás fácilmente, y padecerás síntomas cardiovasculares y una inmunidad reducida que te harán saber que no estás siendo sincero contigo mismo. Nuestro modelo hedonista de intentar evitar el dolor y tapar los síntomas está evitando que la gente sea la dueña de su vida. Esto está reprimiendo a nuestro propio mecanismo natural de *feedback* que nos dirige hacia una autenticidad y bienestar basados en una mayor prioridad.

Para entrar en mayor detalle sobre el centro ejecutivo, éste tiene una conexión directa con el córtex visual y sus áreas relacionadas, por lo que obtenemos una visión inspirada. Aporta claridad. ¿Te has visto iluminado alguna vez por una visión que hizo que afloraran lágrimas a tus ojos y vieras, de repente, cómo podías conseguir algo? Tu vitalidad en la vida es directamente proporcional a la viveza de tu visión. Los pensamientos se convierten en cosas. Las visiones se hacen realidad.

La segunda función de este centro ejecutivo es la planificación estratégica. Valora la relación entre los riesgos y la recompensa para tomar decisiones más objetivas y hacer una planificación estratégica. Tal y como dice un antiguo proverbio: «Cuando el *porqué* es lo suficientemente grande, los *cómos* cuidan de sí mismos». Cuando accedes a tu valor superior, tu propósito, tu *porqué*, ves automáticamente cómo puedes alcanzar tus metas. Los cómos, o pasos, cuidan de sí mismos.

Otra función de este centro es la función ejecutiva: ejecutas más espontáneamente las acciones sobre las que has decidido. Éstas aparecen como potenciales espontáneos en el interior del cerebro.

La última función del telencéfalo del cerebro anterior es el autogobierno. El córtex prefrontal medial envía fibras nerviosas hacia el área subcortical del cerebro y calma a la amígdala (que es tu centro del deseo, la recompensa y el castigo), aliviando los impulsos y los instintos del animal que tenemos en nuestro interior. Poseemos los mismos centros y vías neurológicos que algunos animales, pero podemos moderarlos y calmarnos.

En lugar de responder impulsiva e instintivamente al placer y el dolor, podemos gobernarnos y verlos de forma objetiva, sin reaccionar de manera excesivamente emocional. La capacidad de razonar, de descubrir significado y de autogobernarnos nos distingue de muchos animales.

El centro ejecutivo nos permite ser maestros en lugar de estar dirigidos por el mundo exterior. Cuando la voz y la visión en el interior acaban teniendo una voz más alta que las opiniones, las obsesiones y los resentimientos del exterior, has alcanzado la maestría en tu vida. Ése es el verdadero *mindfulness* (concienciación), que es también la clave para tener una mente resiliente.

Cuando la amígdala cobra vida

Si no vives de acuerdo con tu valor superior, sino de acuerdo con valores inferiores, la glucosa y el oxígeno en el cerebro descenderán a centros inferiores, la amígdala cobrará vida y te volverás más impulsivo e instintivo.

El instinto se basa en experiencias dolorosas anteriores. Está diseñado para hacerte saber que algo está relacionado con ese dolor y para evitar que pases por ello. La parte impulsiva de la amígdala persigue el placer. Estos centros fueron diseñados para evitar a los depredadores y buscar presas. Sesgan subjetivamente tus percepciones para mantenerte con vida. Como resultado de ello, cuando funcionas principalmente desde esa zona del cerebro, tienes una visión más subjetivamente distorsionada o retorcida de tu realidad. Tienes un sesgo de confirmación y un sesgo de desconfirmación que distorsiona tus percepciones.

El instinto no debe confundirse con la intuición. Supón que te dijera: «Siempre eres agradable y nunca eres mezquino. Siempre eres amable y nunca eres cruel. Siempre eres positivo y nunca negativo». Tú tendrías un termostato o «psicostato» incorporado para saber que eso son bobadas. De forma parecida, si yo dijera: «Siempre eres mezquino y nunca eres agradable. Siempre eres cruel y nunca eres amable. Siempre eres negativo y nunca positivo», sabrías, intuitivamente, que eso son tonterías. Pero supón que dijera: «A veces eres agradable y veces mezquino. A veces eres amable y a veces cruel. A veces eres positivo y a veces negativo. A veces eres generoso y a veces tacaño». Sabrías, intuitivamente, que eso *es* verdad.

Tu intuición intenta equilibrar las interpretaciones erróneas. Cuando estás locamente enamorado alguien (viendo lo positivo sin ver lo negativo), tu intuición está intentando revelar los inconvenientes: la verdad inconsciente y no explícita para ti. Cuando estás resentido con alguien (viendo los aspectos negativos sin ver los positivos), tu intuición está intentando revelarte las ventajas: una vez más, la verdad inconsciente y no explícita para ti. Intenta unir y equilibrar estos dos lados para liberarte a través de la plena consciencia.

Las emociones externas, el enamoramiento total y los resentimientos ocupan espacio y tiempo en tu mente y te dirigen; pero si los equilibras, viendo los dos lados juntos, eres objetivo: *tú* te diriges a ti mismo. Eres una víctima de tu historia cuando estás sujeto a las emociones del cerebro subcortical inferior, pero posees el dominio del destino y la resiliencia cuando el centro ejecutivo toma el mando.

Como consecuencia de ello, vivir de acuerdo con nuestros valores superiores es crucial para que controles tu vida, especialmente lo principal: encontrar qué es lo que más te inspira y orquestar tu vida para hacerla realidad y hacer tu mayor contribución posible al planeta. Los que hacen eso se encuentran en el 1 % superior de la población.

En una ocasión estaba hablando en la sección de máxima seguridad de la prisión de Krugersdorp, en Sudáfrica. Me llevaron a una sala atestada con mil presos con sus uniformes naranjas. Le hice al grupo la siguiente pregunta a modo de mi pregunta de apertura: «¿Cuántos de vosotros, independientemente de aquello por lo que hayáis pasado, sin importar por lo que estéis pasando, independientemente que lo que hayáis experimentado, tiene el deseo de marcar una diferencia en el planeta Tierra?». Inmediatamente, todos levantaron la mano. Incluso los presos de máxima seguridad tienen el deseo de marcar una diferencia.

La mayor diferencia que marcarás será cuando seas pura y auténticamente *tú,* con un conjunto único de valores. Cuando te subordinas a otras personas y permites que su influencia enturbie la claridad de tu propio *telos,* diluyes tu propia capacidad para marcar una diferencia. El verdadero yo no tiene competidor, pero el yo diluido se ve constantemente bombardeado por la competencia; y la magnificencia de quién eres tú es mucho mayor que unas fantasías vacías de intentar vivir en los valores de otra persona y seguir siendo parte del rebaño común.

El valor y la identidad

Tu identidad ontológica y tu propósito teleológico giran alrededor de tu valor más elevado. Digamos que eres una madre con tres hijos y que todos ellos tienen menos de cinco años. Si alguien te pregunta: «¿Quién eres tú?», dirás: «Soy una madre».

No tienes que buscar una fórmula mágica para averiguar cuál es tu propósito. Tu propósito es una expresión de tu valor más elevado. Tu vida lo muestra cada día; pero cuando te comparas con otras personas, e intentas ser alguien que no eres, enturbiarás la claridad de eso y pensarás que no sabes cuál es. Aun así, la vida te lo muestra. Puede que no sea aquello con lo que fantaseas ni lo que esperas, porque te estás comparando con otros, pero está ahí. Te abofetea en la cara. Puedo inventarme una historia e incluso engañarme diciéndome que estoy dedicado a algún objetivo o causa, pero mi vida muestra lo que estoy valorando y persiguiendo interiormente, porque mis decisiones se basan en lo que creo que me proporcionará la mejor ventaja, la mayor recompensa en comparación con el riesgo y en cualquier momento para lo que más valoro.

Si dices: «No sé cuál es mi propósito», permíteme hacerte una pregunta sencilla: «¿Qué haces cada día que te encanta hacer espontáneamente que nadie tiene que recordarte que hagas?». Puede que digas: «No lo sé». Sí que lo sabes, pero puede que no sea lo que esperas, lo que deseas que fuese o aquello con lo que fantaseas.

Una mujer de Londres que estaba asistiendo a mi emblemático programa de seminarios de la Experiencia Descubrimiento, dijo:

—No sé cuál es mi propósito. No sé lo que quiero hacer en la vida.

Le dije:

—¿Qué hace cada día que la inspire y que nadie tenga que recordarle hacer?

—Estoy con mis hijos cada día.

—Le encanta trabajar y jugar con sus hijos.

—Ésa es la cosa más inspiradora en mi vida. Vivo para mis hijos.

—¿Ha pensado alguna vez que está dedicada a ser una gran madre?

Con lágrimas en los ojos, dijo:

—Eso es todo lo que he querido ser siempre.

—Entonces dese permiso para saber cuál es su objetivo principal actual, por lo menos en esta etapa de su vida.

—¿No debería tener una empresa? ¿No debería hacer algo socialmente?

—No estoy interesado en lo que usted debería ser. Los «debería» y «tendría que» son imperativos inyectados provenientes de otras personas con las que se está usted comparando, y a las que generalmente admira y a las que cede su poder. Eso no es aquello a lo que está usted dedicada. Usted está dedicada a su llamada interior que se encuentra en su corazón. En la actualidad es usted una madre entregada. Dese permiso para ser una gran madre.

Lloró, me dio un abrazo y dijo:

—¿Es eso suficiente?

—Es magnífico –dije–, porque ser una gran madre es también igual de esencial en el mundo que cualquier otro propósito o llamada.

También puedes ir tras la satisfacción de valores sociales, intelectuales, en los negocios. Algunos tienen sus valores en la espiritualidad y otros tienen sus valores en la buena forma física. No permitas que un ser humano evite que persigas tu sueño y hagas realidad lo que es actual o permanentemente más importante e inspirador para ti.

En una ocasión estaba hablando en una escuela de primaria. Había mil personas en la sala. Pregunté a los niños:

—¿Cuál es vuestro sueño?

Una preciosa niña de doce años y de cabello castaño, dijo:

—Quiero ser una gran actriz –y la forma en la que lo dijo fue angelical.

Caminé hacia donde estaba ella y dije:

—No permitas que ningún ser humano sobre la faz de la Tierra te aparte de tu sueño, ni siquiera tú misma.

La niña lloró. Una chiquilla que estaba a su lado la abrazó y lloraron juntas.

Después, la madre de la niña, que estaba asistiendo a la charla, se acercó a mí y me dijo:

—Gracias por decir eso. Ha significado mucho para ella.

Le dije:

—Ha significado mucho para toda la sala, porque creo que se podía sentir que había abierto el corazón cuando ella ha dicho eso.

Tres semanas después, la niña y su madre me enviaron una preciosa fotografía con una carta que decía que había conseguido un papel en su primera película. Su sueño era ser actriz, y dio otro paso hacia el vivir su sueño sentido.

Mi cambio radical en mi adolescencia

Desde los diecisiete años tuve un sueño de superar mis problemas de aprendizaje y regresar a la escuela para convertirme en profesor, sanador y filósofo. Me había encontrado con algunos retos, pero ese sueño ha permanecido en mi corazón desde ese día hasta hoy. No ha desaparecido.

Sufrí un revés cuando tenía dieciocho años. Intenté regresar a la escuela, pero tenía problemas de aprendizaje y al principio suspendí mi primer examen. Necesitaba una nota de 72 para superarlo, pero obtuve un 27. Empecé a dudar de mi visión, pensando que quizás se tratara, simplemente, de un delirio o una fantasía. Viví un momento realmente bajo.

Conduciendo hacia casa, tuve que pararme en el arcén varias veces porque se me nublaba la vista debido a que estaba llorando mucho. Me di cuenta de que, si no podía hacer realidad ese sueño, no estaba seguro de quién era ni hacia dónde me estaba dirigiendo. Sufrí una crisis de identidad durante ese rato. Aquéllos con una visión prosperan. Aquéllos sin una visión perecen.

Llegué a casa y lloré en el suelo del cuarto de estar, acurrucado en posición fetal. Mi madre llegó a casa y me vio ahí. Dijo:

—¿Qué ha pasado? ¿Qué tienes?

—Mamá –dije–, he suspendido el examen. Imagino que nunca conseguiré leer, escribir o comunicarme bien. Nunca seré nadie ni llegaré muy lejos en la vida, tal y como me dijo la señora McLaughlin, mi maestra en primero de primaria. Imagino que no tengo lo que hace falta.

Por último, mi madre se acercó a mí, puso su mano sobre mi hombro y dijo algo que sólo una madre podría decir:

—Hijo, tanto si te conviertes en un gran profesor, sanador y filósofo como si regresas a Hawái y surfeas olas gigantes como has hecho, o como si regresas a las calles y mendigas como un vagabundo (cosa que también has hecho), sólo quiero hacerte saber que tu padre y yo vamos a quererte independientemente de lo que hagas. Muchacho, simplemente te queremos.

En ese momento, mi madre se mostró y yo descubrí el poder de la gratitud, el amor, la certeza y la presencia: los cuatro pilares cardinales del autocontrol. Lo que mi madre dijo despertó algo en mi interior, porque cuando sentimos amor y gratitud, nuestro centro ejecutivo vuelve a ponerse al mando. Miré hacia arriba y me vi de pie y hablando frente a un millón de personas. Me dije a mí mismo: «Voy a dominar la lectura, el estudio, el aprendizaje y la enseñanza. Voy a hacer lo que haga falta. Voy a viajar la distancia que sea necesaria y pagar el precio que tenga que pagar para proporcionar mi servicio de amor por todo el planeta Tierra; y no voy a permitir que ningún ser humano me detenga. Ni siquiera yo mismo».

No había vuelta atrás. La voluntad humana, la soberanía humana y lo que parecía la providencia divina se unieron en ese momento. Cuando llegas a un punto en el que lo tienes claro, eres congruente y estás concentrado, suceden cosas mágicas. No hay opción. No hay indecisión, no hay vacilación, no hay incertidumbres. Hay claridad: «Tengo una misión ahora». Hay un poder en el acceder a tu valor superior y vivir congruentemente con él. Rebosa sobre todas las áreas de tu vida. Como cada ser humano también quiere vivir, consciente o inconscientemente, a partir de ese estado, es un imán para otras personas. Te atrae, de forma sincrónica, a otras personas, lugares, cosas y eventos que sean congruentes con lo que sea que más valores. Tu pensamiento íntimo dominante empieza a convertirse en tu realidad externa dominante.

Sin prisa, pero sin pausa, la gente empezó a reunirse a mi alrededor y empecé a ganar velocidad y sobresalir. Cuando no hay vuelta atrás, comienza la magia. Ésa es la razón por la cual es tan importante que encuentres tu *telos:* lo que te está llamando desde el interior. No importa si eres religioso o no religioso: es una llamada que trasciende a esas etiquetas. Pensar en ese sueño hace aflorar lágrimas de inspiración y gratitud en tus ojos. Tu vitalidad se dispara y el tú extraordinario que se encuentra dentro del tú ordinario sale a la superficie. La voz y la visión que hay en el interior se vuelven más sonoras que las opiniones y los obstáculos del exterior.

No estás aquí para apaciguar. No estás aquí para complacer. Estás aquí para vivir tu misión inspirada, independientemente de la que sea, y para servir de verdad. Quizás consista en formar una familia magnífica, como Rose Kennedy. Tienes un sueño en tu interior, y no es pequeño. Cada vez que vives congruentemente con él, un espléndido séquito de personas acude para ayudarte a conseguirlo. Acabas en el lugar óptimo en el momento óptimo para conocer a la gente óptima; y cada vez que lo haces, se expande de forma natural, al igual que lo hace tu resiliencia.

¿El estilo de quién estás viviendo?

Cuando vives de acuerdo con tus valores inferiores o los valores de otra persona, la amígdala se activa. Es impulsiva, compulsiva, inmediata, gratificante, adictiva y está orientada a la supervivencia. Cuando no vivimos de acuerdo con nuestros valores superiores, nuestra falta de satisfacción resultante nos hace recurrir a llenarnos con otras cosas, como la comida o los bienes de consumo. Vivimos a través de los estilos de otras personas en lugar de desarrollar nuestro propio estilo. El comportamiento adictivo supone una compensación por unos valores más elevados no satisfechos. Es un parche inmediato, gratificante y rápido. La gratificación inmediata te cuesta tu vida, y la visión a largo plazo da sus frutos.

Además, en cuanto vives de forma congruente, de acuerdo con tus valores más elevados, tu telencéfalo pasa a la acción, y el sistema inmunitario, el sistema nervioso autónomo y los ritmos circadianos se normalizan.

Tu fisiología empieza a rendir a su nivel óptimo. Se añaden telómeros a tus genes para ayudarte a vivir más y así cumplir esas visiones mayores y más duraderas. Tu fisiología expresa la resiliencia y el ingenio que tienes en tu interior. Estoy convencido de que nuestro modelo de salud estándar actual está socavando nuestra grandeza. Te proporcionaré un ejemplo.

Si comes demasiado (un gran chuletón, una tarta de queso, un cuenco de espaguetis, un tarro de mantequilla de cacahuete), te levantarás, a la mañana siguiente, con los ojos hinchados, mocos, indigestión, dolor de cabeza y síntomas de alergia. Vas al médico, que te da algunas píldoras paliativas para librarte de los muchos síntomas. No suelen enseñarte a comer. Tampoco te enseñan que comer de forma poco saludable es un subproducto de la falta de satisfacción: estás llenando excesivamente tu cuerpo sin control por parte de tu centro ejecutivo para compensar por tu *«telos»* o «fin en mente» insatisfecho.

Si recurres a un profesional de la salud más holístico y alternativo, te pedirá una historia de tu estilo de vida y averiguará que has comido hasta reventar. Te dirá que esos síntomas no son una enfermedad. Son respuestas saludables frente a acciones estúpidas. Mereces padecer esos síntomas, pero suprimir las actividades con fármacos paliativos sin aprender del *feedback* que te están proporcionando no es la respuesta.

Si comprendes la psicología aplicada, verás que esos síntomas están expresando desequilibrios del sistema nervioso autónomo. Si percibes que hay cosas que respaldan tus valores actuales en lugar de retarlos, te vuelves exultante y como enamorado, el sistema nervioso parasimpático se activa y genera sus síntomas relacionados: los intestinos se humedecen y los músculos externos se relajan. Si ves más desafío que respaldo, se activa el sistema nervioso simpático, con su respuesta de lucha o huida.

Generas otros síntomas: los intestinos se secan y los músculos externos se contraen. Generas síntomas en tu cuerpo. Estos síntomas son respuestas a modo de *feedback* para hacerte saber que tienes una percepción desequilibrada en tu mente. Si alguien aparece y apoya tus valores y hace todo lo que quieres, en cualquier momento en el que quieras y cada vez que lo desees, puedes convertirte en un inmaduro dependiente de él.

En ese caso, atraerás a un bravucón que será un opuesto complementario para despertarte. Los abusones no son tus enemigos, sino que se ven atraídos a tu vida para despertarte de la dependencia y la adicción a fantasías de una vida fácil. Si alguien te desafía, te hace precozmente independiente, y si se le percibe de forma inteligente, te ayuda a mantener tu independencia precoz, tu autenticidad y tu resiliencia.

La modelo española

Es posible que te hayas enamorado locamente de alguien y que al principio empezaras sacrificando lo que era más importante para ti para estar con esa persona. Cuando tenía veinte años y estaba en la Universidad de Houston, me encontraba en una clase de Microbiología, sentado en la parte superior del auditorio. Fuera hacía calor. En el auditorio hacía fresco, así que cuando la gente entraba, el aire les daba de lleno.

Entró una preciosa modelo española. La vi a cámara lenta, con el aire moviendo su cabello castaño. Subió por el pasillo y se sentó directamente delante de mí. Podía oler su perfume. Estaba perdido. Empecé a flirtear con ella, salí del aula con ella y empecé a tener citas con ella.

Su trayectoria profesional en esa época se encontraba en el entrenamiento como animadora para el entretenimiento de los espectadores en el medio tiempo de los partidos de fútbol americano. Detuve mis estudios de las ciencias de la salud para aprender a bailar como una animadora, porque estaba locamente enamorado. Mi *telos* salió temporalmente por la puerta y mi amígdala, que proporciona una gratificación inmediata, entró en escena.

Al cabo de algunos días, ya estaba empezando a aburrirme un poco. Al cabo de tres semanas empecé a poner excusas para explicar por qué no podía asistir a sus ensayos. Consideré esencial regresar a mis estudios, ya que mi visión a largo plazo era convertirme en profesor, sanador y filósofo.

Pese a ello, mi gratificación inmediata como espectador de los bailes de animadoras fue temporal. Quedé localmente enamorado de forma temporal de esta chica e inyecté sus valores en mi vida. Tenía miedo de perderla, porque estaba muy enamorado (sólo temes la pérdida de aquello de lo que estás encaprichado). Por lo tanto, empecé, temporalmente, a sacrificar mi propio *telos* resuelto y a vivir en unos valores inferiores. Dejé de lado, temporalmente, mi misión a largo plazo y mi maestría por un enamoramiento transitorio. Al cabo de semanas, ese enamoramiento se disipó y quise regresar a mi vida de estudio. De hecho, la velocidad a la cual eres capaz de regresar a tu vida te dice lo resiliente que eres.

Aprendí algo de esa experiencia: si nos subordinamos a alguien que, al principio percibimos, erróneamente, que es más rico, exitoso, atractivo, espiritual o inteligente que nosotros, sacrificaremos parte de nosotros mismos; pero preferiría tener a todo el mundo que a mi propia alma contra mí.

Siempre que te marques un objetivo que esté en sintonía con tu valor superior, incrementarás tu probabilidad de éxito, ya que tu conciencia sensorial, tu proceso interno de toma de decisiones y tus funciones motoras se encontrarán en su punto álgido. Harás lo que predicas, y no harás que tu vida cojee; y cuando triunfes, despertarás, automáticamente, una llamada interior mayor para conseguir más. Tus horizontes de tiempo y espacio se vuelven mayores, y crees que puedes hacer más y conseguir más.

Un camino hacia lo infinito

Nuestra naturaleza está diseñada para ir de lo concreto a lo abstracto, de lo específico a lo general, y de lo finito a lo infinito. Es algo innato, dentro de nuestro cerebro hacer eso. Cuando vivimos de acuerdo con nuestro *telos,* abrimos un camino hacia lo infinito. Abrimos lo abstracto, lo contemplativo: el potencial que normalmente no tenemos en el mundo finito y sensorial. Tal y como dijo Immanuel Kant, tenemos una mente inmanente, que es deflectora, como la de un animal, y tenemos una mente trascendente, que es reflexiva como la de un ángel. Cuando vivimos de acuerdo con nuestro *telos,* la mente angelical, reflexiva y trascendente se ve despertada, y nuestras capacidades se expanden y son más celestiales, en lugar de contraídas y más terrenales; son irradiadoras más que gravitatorias: abiertas de mente, más que cerradas de mente.

Regresando al chico de doce años al que le encanta su videojuego, acabará por dominarlo, ¿verdad? En cuanto lo haga, ¿cuál será su tendencia natural? Dar con una forma de manipular a sus padres para conseguir un juego más avanzado y desafiante.

En mi opinión, esto es muy importante: en cuanto vives de acuerdo con tus valores más elevados, sigues buscando, espontáneamente, retos incluso mayores que te inspiren. Un líder que surja espontáneamente perseguirá retos que le inspiren a él y sirvan a los demás. Es esta búsqueda la que despierta a tu genio innato y a tu resiliencia incluso mayor.

La vida no se vuelve más fácil, sino que se vuelve más compleja. Una simple célula se divide y subdivide, generando interacciones más complejas. Lo mismo sucede con nuestra vida. No estamos aquí para hacer nuestra vida más fácil. Estamos aquí para averiguar cuánta complejidad podemos gestionar y aportar orden, de modo que podamos pasar a la siguiente complejidad. Satisfacer nuestro *telos* no nos hace arrugarnos frente a un reto, sino que hace que, automáticamente, busquemos soluciones para él.

El yo y la materialidad

El dominio del intercambio justo sostenible en la economía significa la maestría a la hora de vivir de acuerdo con tu valor superior, ya que, cuando lo haces, posees el mayor grado de objetividad y ecuanimidad. Cuando vives de acuerdo con valores inferiores, tienes unos sesgos más subjetivos que te hacen más narcisista o más altruista. Cuando personificas tendencias narcisistas, proyectas tus valores sobre otras personas y esperas que vivan de acuerdo con tus valores, lo que es contraproducente o fútil. Cuando personificas tendencias altruistas, tenderás a sacrificar tus valores por otros. En cualquier momento en el que estés desequilibrado en una polaridad narcisista o altruista en lugar de estar centrado en una ecuanimidad intrínseca, socavas automáticamente tus ganancias económicas intentando conseguir algo a cambio de nada o dar algo a cambio de nada, lo que es insostenible.

La maestría de tus yos espirituales y materiales es una y la misma. El espíritu sin la materia carece de expresión. La materia sin espíritu carece de emoción. Vivir una vida inspirada requerirá que te preocupes por la humanidad lo suficiente como para hacer algo de forma cotidiana que te inspire, que sirva a otras personas, que te haga conseguir unos ingresos que sean mayores que el coste de delegar cosas con una menor prioridad. Si no puedes delegar cosas con una menor prioridad, te verás sumergido en actividades que son poco inspiradoras y que te infravalorarán. Sin embargo, probablemente no estarás dispuesto a delegar estas tareas a no ser que te veas honrado e inspirado haciendo algo que sirva a la gente y te haga conseguir unos ingresos todavía mayores.

El mundo de la gente que hay a tu alrededor te desafiará hasta que decidas servir a la gente y hacer algo que satisfaga las necesidades o los retos de los demás en el mundo. Si lo haces, te verás recompensado económicamente y serás libre para vivir una vida inspirada. Podemos decir que no a las influencias externas que no nos inspiren y seguir haciendo aquello en lo que somos más geniales, que nos proporcione nuestra ventaja competitiva, que sea profundamente importante y sirva a la gente de verdad. Estoy muy agradecido por haber descubierto la mía a los diecisiete años.

El psicólogo Lawrence Kohlberg mostró que la mayoría de la gente vive con impulsos de supervivencia básicos y unos instintos parecidos a los de algunos animales, evitando el dolor y buscando el placer. Se ven dirigidos por dogmas religiosos, por la propaganda social, por empresas que les dicen qué hacer, cómo vivir y qué comprar. En cualquier área de tu vida en la que no te empoderes, alguien va a dominarte. Cuando no estás empoderado, te ves dominado. Hay constructos de la conspiración del mundo que te dominarán sino estás empoderado, pero en cuanto te empoderes, ninguno de ellos significará nada. Te darás cuenta de que el mundo es tuyo, y en lugar de seguir una cultura, empezarás a desarrollar y liderar una. No verás obstáculos sino más bien oportunidades.

El patio de recreo del universo

Me he afirmado a mí mismo desde que tenía dieciocho años que el universo es mi patio de recreo. El mundo es mi hogar. Cada país es una habitación de mi casa. Cada ciudad es otra plataforma para compartir mi corazón y mi alma. Nadie puede limitarme realmente a mí o a lo que puedo hacer, excepto yo. Me pregunto qué sucedería si nos diésemos permiso para hacer algo extraordinario y satisficiésemos nuestro camino de la autenticidad. Una cosa está clara: nuestra resiliencia aumentaría.

Sabes que estás realmente comprometido con algo cuando escuchas y aplicas el *feedback* de tus propias acciones cotidianas para ver si estás haciendo progresos y no temes enfrentarte a lo que te encuentres: la verdad de lo que puedes hacer. Con unas metas reales, no quieres creer en fantasías: quieres refinar tus objetivos y aprender cómo dominarlos incluso más: más objetivamente y más mediblemente.

Una verdadera meta u objetivo es equilibrado: no consiste en fantasías unilaterales que generan ansiedades y miedos. En el mismo instante en el que nos marquemos un objetivo que sea una fantasía unilateral y relacionada con filias, crearemos en nuestra mente su correspondiente pesadilla opuesta complementaria para hacernos saber que está desequilibrado, que no es completo. Ahí está la amígdala funcionando a toda máquina, intentando obtener placer sin dolor. El centro ejecutivo y la parte más objetiva de la mente saben marcar un objetivo que sea equilibrado y saben que habrá recompensas y riesgos. Éstos pueden mitigarse con la planificación estratégica, que da con formas de apaciguar las recompensas de la fantasía y de mitigar los riesgos y convertirlos en verdaderas oportunidades estratégicas. Ahí está el centro ejecutivo en pleno funcionamiento.

Mi antigua novia, Trish, que es una ingeniera galardonada y empresaria industrial en Ciudad del Cabo (Sudáfrica), se reunió con un par de miles de personas en un área rural reservada para personas negras que estaban desempleadas. Había un porcentaje de paro muy elevado. Pensó: «Eso es un reto. ¿Qué puedo hacer al respecto?». Observó una vista aérea de la zona para ver qué recursos había ahí. Vio que había una vía de tren a unos cinco kilómetros y pensó: «Me pregunto si podría desviar el tren y construir unas vías que pasasen por esa área. ¿Qué pasaría si edificara una fábrica de una compañía que construyera vagones y máquinas de trenes de cercanías y empleara a estas personas a modo de iniciativa social?». Hizo eso en tres ubicaciones. Fundó una compañía que valía muchos millones de dólares porque le preocupaba la humanidad y se había propuesto servirla.

Estaba cenando en Irlanda con un caballero encantador que ha escalado el Everest cuatro veces y las siete cimas más altas del planeta dos veces. Ha caminado al Polo Norte y el Polo Sur y ha vivido con pueblos aborígenes en países en los que nadie de Occidente ha estado. Es un aventurero, y me estaba explicando, con lágrimas en los ojos, que eso es lo que le ha encantado hacer desde que era un niño. Ser un aventurero es todo lo que ha querido hacer. Se le ocurrió un plan para vencer sus ansiedades y miedos.

Siempre que vence un miedo, encuentra otro e intenta dar con una forma de vencerlo. Ésa es su estrategia, e inspira a millones de personas. Ha hecho cosas extraordinarias. Su búsqueda consiste en encontrar su mayor miedo, vencerlo y continuar con el siguiente. Ésa es su vida. Ha ganado una fortuna haciéndolo. Se llama Pat Falvey, y es un aventurero y un líder inspirador.

Las personas que pueden ver las cosas tal y como se encuentran *en* el camino, y no *en medio* (bloqueando) del camino, no ven nada que se interponga en su senda. Son resilientes frente a lo que suceda. Saben lo que cataliza la genialidad, la innovación, la creatividad y las soluciones novedosas frente a los problemas humanos. No es la vida fácil la que genera la innovación o la que permite despertar tu genialidad. Se trata de la vida de mentalidad resiliente desarrollada mediante la dedicación a retos que te inspiren.

Cuando tenía dieciocho años, hice la promesa de ser el dueño de mi vida. No sabía muy bien qué significaba eso en esa época, pero ahora sé que ser el dueño de tu vida significa despertar a tu genialidad natural, creativa e innovadora para que se le ocurran ideas originales para servir a la humanidad. No quería vivir subordinado al mundo exterior, sino que quería crear algo inspirador para el mundo exterior.

Creo que en lo más profundo de tu ser tú también lo quieres. Creo que tienes una llamada innata para hacer algo increíble en este planeta: marcar una diferencia. Sueñas con ello, pero es la comparación de nosotros mismos con otras personas lo que frecuentemente nos detiene. Si, en lugar de eso, comparamos nuestras acciones cotidianas con las inspiraciones motivadas por nuestro valor superior, surgen cosas maravillosas.

Tu autoestima se dispara en el momento en el que eres congruente y auténtico. Si fundara un negocio de horneado y reparto de magdalenas, probablemente no sobresaldría, ya que cocinar y conducir no me gusta. Si eres un gato y esperas nadar como un pez, o si eres u pez y esperas trepar como un gato, pensarás que hay algo que está mal en ti.

Reducirás el nivel que mereces, la confianza en ti mismo, y tus creaciones, innovaciones y logros en cuanto intentes vivir la vida de otro. No estamos aquí para vivir bajo la sombra de nadie. Estamos aquí para estar de pie sobre los hombros de gigantes: aquellos que se permitieron hacer algo extraordinario. A nivel de la esencia, de tu alma auténtica, nada falta en ti, pero a nivel de tus sentidos más engañosos, parece que faltan cosas. Cuando percibes y crees que falta algo en ti o en otros, juzgas y reduces momentáneamente tu potencial.

Tal y como me aconsejó Mary Kay Ash en una ocasión: cada día, anota seis o siete de las acciones de mayor prioridad que podrías llevar a cabo ese día (no proyectos que lleven semanas, sino pasos que puedas llevar a cabo hoy). Si las llevas a cabo todas a mitad del día, añade una más. Cuando hayas hecho eso, añade una más, pero no te permitas verte sobrepasado por metas no alcanzadas. Simplemente cíñete a las acciones con una mayor prioridad que puedas llevar a cabo. Mantén un registro de ellas y descubre cuáles son las mayores y más constantes de estas prioridades más altas. Descubre cuál es el aspecto que estás aquí para dominar, y domina el arte de delegar el resto. Tu grado de resiliencia empezará a aumentar.

Puede que no desees dirigir un negocio. Puede que desees formar una familia. Si lo haces y te casas con una persona que está dirigiendo una empresa, la servirás siendo tu yo superior, que la inspirará a desarrollar su negocio para servir a la humanidad. No vivirás una vida inspirada a menos que sirvas a la gente directa o indirectamente, ya que no habrá ninguna maximización del significado ni la satisfacción hasta que lo hagamos. El cerebro está formado por córtex sensoriales y motores. El córtex sensorial es para recibir recompensas y el córtex motor es para proporcionar servicios. En inglés, la palabra «merecer» *(deserve)* procede de «servir» *(serve)*.

Estrella guía

En una ocasión, en una conferencia, una familia encantadora (una pareja con tres hijos) se me acercó tras mi charla. Una de las hijas tenía catorce años, y dijo:

—Tengo algo para usted. Es un DVD que quiero que tenga.

—¿Lo has hecho tú? –le pregunté.

—Sí.

Le di las gracias y me lo metí en el bolsillo. Más tarde, esa noche, estaba en el aeropuerto de Las Vegas, y reproduje su DVD en mi ordenador. Aparecía una magnífica representación de la canción «Shining star» (Estrella guía) que había coreografiado, cantado y bailado con trece años usando su escuela como telón de fondo. Se llama Victoria Amaral y puedes encontrar su vídeo en Internet.

Cuando Victoria tenía nueve años, su padre había asistido a una de mis presentaciones y había comprado cada CD, DVD y libro que tenía. Regresó a casa y empezó a escucharlos. Victoria también los escuchó, desde el asiento trasero del coche, y absorbió el mensaje.

La niña se dirigió a su padre y le dijo: «Papaíto, sé cuál es mi propósito y misión. Quiero ser una gran actriz, cantante y artista, por lo que quiero asistir a clases especiales. Quiero hacer lo que sea necesario para conseguirlo». Escribió la afirmación de su misión y sus objetivos y se centró en ellos. Empezó a poseer las características de los grandes y a averiguar que lo que veía que era grande en otras personas también estaba en su interior. Es una mina de oro: he visto cómo suceden cosas increíbles en la vida de personas jóvenes o mayores cuando aprenden esta herramienta.

Esta increíble niña empezó a aplicar este principio. Asistió a todas las clases que pudo y vio vídeos de actores y coreógrafos. Estaba embarcada en una misión.

Estoy convencido de que los niños de hoy en día, que comen dulces y juegan para escapar de su primera década de vida, no están haciendo eso porque sea lo que están diseñados para hacer: es un síntoma de las represiones de sus valores superiores, y no de sus expresiones. Cuando a un niño se le permite vivir de acuerdo con sus valores superiores a una edad muy temprana, hace cosas extraordinarias desde el principio. No quiere, simplemente, jugar y escapar. No quiere, simplemente, comer dulces. Quiere dedicarse a su misión. Lo he visto en niños muy pequeños, y es algo muy inspirador que ver.

Vi ese vídeo y le escribí un pequeño *email* dándole las gracias y animándola a seguir adelante. Más tarde, ese mismo año, me encontraba en San Francisco, dando mi taller de la Experiencia Descubrimiento, y su padre asistió. Victoria y su madre querían venir, pero ella tenía una actuación ese fin de semana. Sin embargo, se pasaron antes de que el programa empezara y Victoria se me acercó y me dio no un DVD, sino una carta. Cuando la abrí, vi que se trataba de un maravilloso acuerdo de negocios lucrativo con Disney. Más adelante pasó a ser un trato incluso mayor. No sé, realmente cuál es el límite de un ser humano congruente e inspirado. Todo lo que sé es que cuando la gente se vuelve congruente, empiezan a suceder cosas extraordinarias.

Las características de los grandes

¿Estarías de acuerdo en que Elon Musk está haciendo cosas originales? ¿Serías capaz de ver que Richard Branson ha hecho cosas creativas? Podemos identificar lo que podemos admirar en ellos y luego mirar sabiamente hacia nuestro interior con una mirada reflexiva y averiguar que poseemos esos mismos comportamientos y cualidades dentro de nosotros. Una vez que nos damos cuenta de que no estamos aquí para ser deflectores mediante la comparación y el juicio, ni para poner a la gente en pedestales ni hundirla en pozos, estamos aquí para ser lo suficientemente reflexivos mediante la introspección y el amor. Cuando lo hacemos, empezamos a despertar a la conciencia de lo que ya tenemos en nuestro interior. Entonces empezaremos a estar de pie sobre los hombros de gigantes. Viviremos en un nuevo campo de juego de posibilidades. Nos daremos permiso para hacer cosas cada vez más extraordinarias.

Estoy sorprendido por las oportunidades que entran en mi vida semana tras semana porque me tomo el tiempo para poseer, reflexivamente, estas características de los grandes. Cada semana, cuando llevo a cabo la Experiencia Descubrimiento, tengo a gente que cree que carece de comportamientos y talentos, y le demuestro que no carece de esas cosas. Simplemente se encuentra de otra forma que es única para ella y que está en sintonía con sus valores superiores.

La obsesión, el resentimiento, el orgullo, la vergüenza, la culpabilidad (cualquier emoción polarizada que proceda de la amígdala), si no se interpreta inteligentemente y se usa como *feedback,* puede evitar que vivas con maestría y que te veas orientado por tu centro ejecutivo. Presento la Experiencia Descubrimiento para enseñar a la gente cómo dirigir los impulsos e instintos emocionalmente reactivos de su amígdala de modo que pueda hacer algo más estratégico, significativo y extraordinario.

Las preguntas que nos hagamos determinarán cómo consideremos cada situación. No te preguntes por qué te está sucediendo esto, sino cómo te está ayudando esto a hacer realidad tus valores más elevados. La mayoría de la gente le da la vuelta y dice cómo puede permitirse eso, en lugar de decir cómo puede conseguir que le paguen de maravilla por ser, hacer o tener eso, o cómo puede ganar otro millón de dólares haciendo realidad eso.

Formo a la gente para que haga nuevos conjuntos de preguntas para ver una nueva vida. Tu nivel de merecimiento será exactamente proporcional a tu nivel de congruencia. No sé de nada que pudiese hacer más por ayudar a la gente que averiguar sus valores superiores y ayudarla a orquestar su vida como una sinfonía centrada en esos valores, especialmente en su *telos* más inspirador.

El método Demartini

Un caballero en una sesión de mi Experiencia Descubrimiento en Londres estaba bloqueado en el campo de los negocios y las finanzas porque despreciaba a su padre por algo que había sucedido veinticinco años antes. No le había hablado desde hacía más de veinticinco años. Pese a ello, admiraba la integridad de su padre en otras áreas. La parte que despreciaba era la parte consciente. La parte inconsciente era la parte que admiraba.

Debido a rupturas de este tipo, la mayoría de tus decisiones son regidas por las rupturas almacenadas subconscientemente en las partes conscientes e inconscientes de tu cerebro en lugar de por tu mente superconsciente, que a veces recibe el nombre de «la sabiduría de tu alma». A no ser que lo consciente y lo inconsciente estén integrados en una consciencia plena, te dividirán y dirigirán tu vida.

En la Experiencia Descubrimiento, este caballero llevó a cabo un proceso que llamo el Método Demartini sobre su padre, y trabajó muy diligentemente al respecto. En esencia, implica tomar a una persona o una figura de autoridad con la que estés experimentando alguna dificultad emocional, viendo sus características comportamentales tanto positivas como negativas y reconocerlas en tu interior. Era un asunto difícil.

Estaba resentido con su padre y tenía dificultades para reconocer las características. Era, conscientemente, hipócrita en cuanto a un rasgo de su padre («Juré y recé que nunca sería así»); y también se estaba minimizando inconscientemente en relación con otra característica que admiraba en su padre. Pero era importante para él admitir las características que odiaba y las que admiraba, ya que hasta que no puedas reconocer a tu héroe y a tu villano, es difícil ser auténtico y un líder. No necesitas librarte de la mitad de ti para ser un maestro, pero sería buena idea que reconocieras todas tus facetas y que supieras que hay un lugar para todas tus partes.

Al completar el Método Demartini, este caballero admitió los rasgos que despreciaba y admiraba en su padre y neutralizó las cargas emocionales que tenía sobre ellos. Se volvió más plenamente consciente y su corazón se abrió, broto una lágrima de inspiración y gratitud en sus ojos y quiso comunicar este agradecimiento recién surgido a su padre. En ese momento le llegó al teléfono móvil un mensaje de texto de su padre, después de veinticinco años. Parecemos poseer algún tipo de sistema de comunicación cuántico entrelazado que incluso los físicos que asisten a las conferencias encuentran difícil comprender. Yo lo llamo la matriz.

Cualquier cosa que no hayamos amado dirigirá nuestra vida hasta que la amemos. Cualquier cosa por la que no estemos agradecidos dirigirá nuestra vida hasta que estemos agradecidos por ella. Cualquier cosa que juzguemos dirigirá nuestra vida hasta que trascendamos al juicio. No podemos poseer nuestra mayor autoestima mientras bloqueamos nuestro amor por la gente que tenemos a nuestro alrededor. Cuando por fin amamos, marcamos la diferencia sin tener que marcar la diferencia: no porque tengamos que arreglar algo, sino porque vemos, automáticamente, las cosas en orden. Quienquiera que tenga el mayor orden en su percepción transforma el planeta el que más y se convierte en un líder.

Conocimientos especiales

A veces me preguntan si tiene valor poseer grados o formación especializada. Soy un firme creyente de que quieres ser incluyente, y no excluyente, en tu aprendizaje, y en aprender todo lo que puedas en cada campo que puedas que tendrá valor para tu causa o misión más inspiradora.

Tengo a un instructor que pasó por el programa de formación de mi Método Demartini cuando tenía diez años. Hoy tiene casi veintiuno y a veces asesora a personas relevantes. Ha leído casi quince mil libros. Es un erudito y es uno de mis grandes instructores, pero no tiene ningún grado formal, ya que está muy por delante de cualquier escuela. No puedo decir que la educación formal sea absolutamente esencial para todos, pero sí que digo que aprendas todo lo que puedas. Obtén conocimientos especializados en lo que quieras dominar y aprende hasta que puedas estar a la vanguardia. Si dedicas treinta minutos al día a leer con una gran concentración, podrás estar a la última al cabo de siete años.

Cuando estaba en la universidad, estudié Neurología y devoraba cada libro que pudiera encontrar sobre la materia. El profesor de Neurología me hizo un examen. Escribí las siguientes respuestas: «A, de acuerdo con esto o aquello», o «B, de acuerdo con esto y aquello; respuesta obsoleta». Anoté preguntas que no aparecían en el examen, y me suspendió. Fui a su despacho y le dije:

—¿Por qué narices me ha suspendido?

—No puedes escribir respuestas así en un examen.

Le dije:

—¿Quién es usted para decirme lo que no puedo hacer?

Llevé conmigo una caja con cuarenta y cinco textos de Neurología y los marqué con pedacitos de papel y dije:

—No es usted mi única autoridad. Voy a usar a estas autoridades. Voy a ponerme de pie sobre sus hombros y a ir más allá de ellos. Vine aquí a aprender Neurología, y no simplemente a limitar mis conocimientos y a superar un examen desactualizado.

Me dijo:

—No sabía que fueses un alumno así de serio. Pensaba que estabas jugando a un juego conmigo.

Entonces, me sacó de su clase y me otorgó su reconocimiento, y cuando estaba enfermo me pedía que yo enseñara a la clase. Por lo tanto, no permitas que los estándares de ninguna escuela del planeta eviten que la sobrepases. Sigue aprendiendo y márcate un estándar incluso superior.

No eres el número uno

Las relaciones luchan por la androginia. Si estás realmente polarizado hacia las búsquedas intelectuales, la destreza en los negocios y el desarrollo de riqueza, probablemente atraerás a una pareja que esté centrada en los bebés, socializar, la belleza y las compras. Si el valor más elevado de tu mujer son los hijos y la familia, probablemente tu asignarás un mayor valor a los negocios, ya que, de otro modo, no podrás alimentarlos.

Date cuenta de que no vas a tener los mismos valores que tu compañero. Si dos personas son exactamente iguales, una de ellas no es necesaria. El objetivo del matrimonio no es la felicidad hedonista inmediatamente gratificante. El propósito del matrimonio es encontrar a alguien al que le puedas delegar cosas con una baja prioridad. Estoy bromeando, pero debes saber esto: si tienes unos hijos hermosos, alguien se va a centrar en ellos: es de esperar que sea tu cónyuge o que seas tú, y uno de vosotros podría asumir la responsabilidad de pagar las facturas, pese a que ambas personas puedan participar en grados variables de ambos lados de la ecuación de la androginia. Mucha gente vive en una fantasía, pensando que quiere una pareja que le haga ser el número uno.

Una vez tuve a una mujer en un taller. Su compañero la hacía ser la número uno, ¿y sabes qué? Ella quería matarle, metafóricamente, porque él quería estar a su alrededor las veinticuatro horas del día, cortejarla, pasar tiempo con ella, abrazarla, llamarla y tenerla entre sus brazos. Ella no podía terminar de hacer nada.

Le dije:

—No necesitas a un tipo que te haga ser la número uno. Necesitas a un tipo que te haga ser más o menos la número cuatro. Necesitas que tenga un trabajo. Algo de movimiento de efectivo. Ésa es la cosa número dos, ¿verdad? Algunas otras cosas podrían ser el número tres.

»El número tres o el cuatro es un lugar ideal en el que estar. No por debajo de ahí ni por encima de ahí, porque si hace que seas la número uno, te verás asfixiada y tu libertad podría verse limitada, y puede que acabes pagando el pato. Debéis situaros, el uno para el otro, alrededor del número tres, cuatro o cinco. Eso supondría una relación más funcional, porque vuestros puntos fuertes son valiosos para vosotros.

La androginia se asegurará, automáticamente, de que la producción y la reproducción se equilibren en la dinámica familiar.

Una vez más, la calidad de tu vida se basa en la calidad de las preguntas que haces. «¿Cómo está el valor más elevado de tu cónyuge ayudándote a hacer realidad lo que es más importante para ti?». Responde a esa pregunta por lo menos treinta o cuarenta veces para ver que lo que tu cónyuge está haciendo es servirte, de modo que puedas estar agradecido por esa persona y que no intentes arreglarla o hacerla cambiar constantemente. Entonces, tu cónyuge podrá, sabiamente, hacer lo mismo con respecto a ti. Si eres incapaz de ver cómo aquello a lo que está dedicado tu cónyuge es a servirte, y tu cónyuge no puede ver cómo aquello a lo que tú te dedicas es a servirle, tendréis un diálogo poco o nada respetuoso. Mantendréis un monólogo alternativo, y la relación podría encontrarse al borde del desastre.

Es fútil pensar que tus valores son correctos y esperar que otra persona viva en ellos, en lugar de transmitir tus valores superiores en términos de los suyos o de qué la inspira. Cuando estás casado, tu cónyuge es como un cliente o un consumidor. Si no aprendes cómo comunicarte con un cliente y satisfacer sus valores más elevados, se irá a algún otro lugar.

Capítulo 3

Agendas inconscientes

Un factor principal que interfiere con la resiliencia son los motivos inconscientes y las agendas ocultas. Ciertamente, puedes señalar a la gente que conoces que haya dicho que iba a hacer una cosa, pero que seguía haciendo otra.

Tal y como hemos visto, cada persona, independientemente de su cultura, credo, color, edad o espectro de género, vive de acuerdo con un conjunto de prioridades: lo que una persona cree que es de más a menos importante o valioso en su vida. Nadie del exterior tiene que motivarla para que haga realidad lo que está más arriba en su lista de valores: se ve inspirada desde su interior para hacerlo realidad. Sentirás orgullo por cualquier cosa que hagas que respalde todo tu conjunto general de valores. Tenderás a sentir vergüenza por cualquier cosa que hagas que lo desafíe.

Aunque los valores de alguien no son correctos o incorrectos, la mayoría de la gente cree que los suyos son correctos y que los de otras personas son incorrectos, a no ser que los valores de la otra persona sean muy similares a los suyos. Si es así, probablemente la considerarán su amiga. Si no es así, probablemente la considerarán una enemiga. Cuando alguien del exterior respalda tus valores, probablemente pensarás que es éticamente bueno. Cuando alguien rete tus valores, probablemente pensarás que es éticamente malo. Tu moral interna y tu ética externa están conectadas con tu conjunto general de valores. Ésa es la razón por la cual la gente a veces relaciona o confunde los valores con la moral y la ética.

La teoría X y la teoría Y

En la década de 1960, el sociólogo Donald McGregor estudiaba Dirección y Gestión de Empresas y vio que había personas de la teoría Y y personas de la teoría X. Las personas de la teoría Y se veían motivadas espontánea o intrínsecamente, les encantaba lo que estaban haciendo y eran autoiniciadoras. Hacían cosas porque les encantaba hacerlas. Las personas de la teoría X necesitaban incentivos y una motivación exterior o extrínseca.

Si contratas a alguien y ve que la descripción del puesto encaja con sus valores superiores, no preguntará sobre los programas de incentivos, las bonificaciones o las vacaciones. Te dirá: «Déjame hacerlo». Quiere el trabajo. Quiere servir.

En cambio, la persona que no ve cómo la descripción del puesto encaja con sus valores superiores preguntará sobre los días libres, los incentivos y las bonificaciones. Es el tipo de persona a la que se le hacen pesados los lunes y difíciles los miércoles y se alegra cuando por fin es viernes.

Las personas cuya descripción del empleo es congruente con sus valores superiores no piensa en tomarse días libres: sus vacaciones y su vocación son lo mismo. Se sienten satisfechas. Su valor superior es su misión en la vida, y les encanta servir y verse justamente recompensadas.

La salud y la enfermedad

¿Cómo se relacionan estos hechos con el bienestar y la enfermedad? Siempre que haces algo que satisface tu conjunto de valores tiendes a experimentar un incremento de compuestos químicos en tu cerebro como la dopamina, la oxitocina, la encefalina y las endorfinas. Estas sustancias provocan, de algún modo, placer, y pueden ser adictivas, por lo que te sentirás atraído por las actividades que tiendan a estimular su producción. Las acciones y decisiones de la gente se basan en lo que creen que les proporcionará una mayor ventaja en relación con las desventajas y unas mayores recompensas en comparación con los riesgos. Estas actividades generarán la mayor cantidad de dopamina, oxitocina y encefalina (un opioide) en el cerebro.

Tal y como he señalado, además de las neuronas, el cerebro dispone de otro conjunto de células, llamadas células gliales: hay nueve o diez de ellas por cada neurona. Estas células responden a lo congruente que eres con tus valores superiores. En cualquier momento en el que haces algo que crees que está satisfaciendo tus valores superiores, tus células gliales mielinizarán, automáticamente, las neuronas del centro ejecutivo de tu cerebro anterior. La mielina es un material que reviste los axones (secciones largas) de tus células nerviosas, incrementando la velocidad a la que transmiten los impulsos eléctricos para potenciar tu capacidad de hacer realidad tus valores superiores. Siempre que algo en tus propias acciones o en las de otras personas desafíe a tus valores, generará un conjunto distinto de compuestos químicos que desmielinizará esas células, ralentizando su capacidad de transmitir esos impulsos. La desesperanza y la impotencia pueden desmielinizar el cerebro anterior.

Las enfermedades que provocan desmielinización tienen que ver con una desesperanza e impotencia prolongadas. La gente ha visto que, si los pacientes que padecen la enfermedad de Alzheimer pueden encontrar algo que los inspire, satisface sus valores superiores y los desafía a sentir autoestima al lograrlo, pueden ralentizar el desarrollo de la enfermedad.

Pueden modificar la función de estas células cerebrales que se están deteriorando y reparar algunas de ellas. Por lo tanto, nuestro cerebro se está adaptando a un entorno perceptual cambiante. Está vivo y es neuroplástico.

Hace cuarenta y cuatro años, cuando empecé a implicarme clínicamente en la neurología, no disponíamos de un conocimiento tan completo de la neurología del que disponemos hoy. No sabíamos tanto sobre la neurogénesis (la generación de nuevas neuronas). No sabíamos que, de hecho, podemos ejercitar o remodelar nuestro cerebro. Ahora sabemos que podemos hacerlo.

Vivimos de acuerdo con un conjunto de valores, un conjunto de prioridades. Estamos intentando satisfacer nuestros valores superiores. Nos abrimos a cualquier cosa que los respalde y tendemos a apartar cualquier cosa que los desafíe. Construimos, destruimos o remodelamos nuestro sistema nervioso de acuerdo con ello.

El cuerpo tiende a ser más adaptable cuando disponemos de un equilibrio entre el respaldo y el desafío en la vida. Puede que hayas oído hablar de la historia del bebé burbuja del Houston Medical Center que estaba sobreprotegido: cuando le sacaron de la burbuja, enfermó de inmediato.

Se ha visto que la biología se desarrolla al máximo en el límite entre el respaldo y el reto. Como resultado de ello, y pese a que estamos buscando con la función de nuestra amígdala subcortical lo que respalda nuestros valores, también estamos atrayendo constantemente cosas que los desafían. Si no dispusiésemos de nada más que de respaldo, seguiríamos siendo inmaduros y dependientes, por lo que atraemos eventos que nos ponen a prueba para hacernos independientes más precozmente. Tanto el apoyo como el reto en equilibrio nos permiten crecer al máximo.

Lo mismo se aplica en los ecosistemas biológicos con depredadores y presas. La presa es el alimento que usamos para crecer anabólicamente y respaldar nuestros valores, pero el depredador nos está retando constantemente, atacándonos para hacer que seamos adaptables y cambiemos. De otro modo nos estancaríamos y simplemente nos quedaríamos ahí sentados, comeríamos demasiado y perderíamos nuestro buen estado de forma.

Una vez más, el máximo crecimiento y desarrollo se dan en el límite entre el apoyo y el desafío, pero nuestra amígdala subcortical tiende a buscar apoyos sin retos. Vivimos en una paradoja: buscamos lo que respalda nuestros valores, pero también seguimos atrayendo lo que desafía nuestros valores para hacernos crecer al máximo. Como sin duda habrás oído, los similares se atraen, pero los opuestos también se atraen. Nos sentimos atraídos por cosas que son similares a nosotros, pero también atraemos cosas que son opuestas a nosotros para romper nuestra dependencia infantil y hacernos crecer.

Dos sistemas nerviosos

Parte del sistema nervioso es el sistema nervioso autónomo, que controla la fisiología: tus órganos internos, tus células y prácticamente todos los tejidos. Se divide en el sistema nervioso simpático y el parasimpático. Siempre que tus valores se ven respaldados, se activa el sistema nervioso parasimpático (reposo, relajación, digestión). Siempre que tus valores se ven retados, se activa tu sistema nervioso simpático (lucha o huida). Cualquiera de estos dos sistemas llevados al extremo da lugar a una respuesta de angustia.

El verdadero bienestar implica una síntesis de ambos. El equilibrio entre el apoyo y el reto nos permite crecer, y ambos lados del sistema nervioso autónomo, cuando están en equilibrio, nos mantienen en buen estado. El bienestar es la plenitud del cuerpo. Si percibimos más apoyo que desafío o más reto que respaldo, esas partes del sistema nervioso generarán síntomas físicos para hacernos saber que nuestras percepciones no están equilibradas objetivamente.

Cada síntoma en tu fisiología, psicología, sociología e incluso en tu teología está intentando devolverte al equilibrio, la homeostasis y la autenticidad, para así maximizar la resiliencia y la adaptabilidad a tu entorno siempre cambiante y externamente perturbador. La angustia es la incapacidad de adaptarse a un entorno cambiante. Por lo tanto, todo lo que está sucediendo en nuestra vida es, en último término, un mecanismo de *feedback* homeostático.

El sistema nervioso simpático funciona principalmente durante el día, cuando estás ocupándote de los desafíos de la vida. Activa a los glóbulos rojos, que transportan oxígeno por el cuerpo. Es catabólico: descompone las cosas y oxida el organismo. Ésa es la razón por la cual, cuando inspiras, activas al sistema nervioso simpático. Llevas un aporte de sangre a tus músculos periféricos y estás listo para lidiar con los retos de la jornada. Cuando esta parte del sistema nervioso es activada, lleva la sangre desde los órganos internos y digestivos centrales y la envía de vuelta a los músculos más externos, listos para luchar o huir y correr. Al mismo tiempo, el sistema digestivo reduce su actividad y se seca. Si comes durante esos períodos, no digerirás los alimentos bien.

El sistema parasimpático funciona más plenamente por la noche, cuando reparas y construyes el cuerpo de forma anabólica. Genera glóbulos blancos y repara el sistema inmunitario. Este sistema activa la mitosis (división celular). Este proceso se da principalmente por la noche. Este sistema activa los estrógenos y otras hormonas que se relacionan con la relajación.

Si percibes y sientes que te ves más respaldado que retado, produces estrógenos. Si percibes más desafío que apoyo, produces testosterona. A las mujeres sometidas a un gran estrés pueden, a veces, crecerle más vello o salirles granos; pero, si de repente, se sienten respaldadas, se tranquilizan, su piel se alisa y ese vello pueden incluso caerse.

Un proceso destruye el cuerpo durante el día y el otro lo repara durante la noche. Para adaptarse a un entorno cambiante, te adecúas y reinventas constantemente. El cuerpo es un sistema de vigilia, sueño, vigilia, sueño; destrucción, reparación, destrucción, reparación: catabolismo, anabolismo.

El crecimiento, desarrollo y bienestar máximos se dan cuando tienes un equilibrio entre el respaldo y el desafío. Si te fijas detenidamente en tu vida como niño, te darás cuenta de que, si tu madre te sobreprotegía y te respaldaba excesivamente, generalmente tenías un padre que era más asertivo y agresivo para compensar esas cualidades. O puede que fuera lo contrario: que tuvieras un padre maternal y una madre agresiva. O puede que tus dos progenitores fueran sobreprotectores, mientras que tu hermano te pateaba el trasero. Si toda tu familia te respalda, el abusón aparece externamente. La naturaleza proporciona tanto apoyo como retos en tu vida personal, en la sociedad y en los ecosistemas biológicos, ya que está ayudando a que la vida evolucione, se adapte, se vuelva resiliente y crezca.

Si buscas constantemente lo que respalda tus valores, seguirás siendo inmaduro y dependiente. Si huyes de lo que te reta, seguirás atrayendo desafíos que no serán inspiradores para ti. La persona inteligente irá tras los retos que la inspiren en lugar de esperar a los retos que no lo hagan. Si no llenas tu jornada de acciones de alta prioridad, que te inspiren y desafíen, seguirás llenándola, automáticamente, de acciones de baja prioridad, que minarán tu inspiración. Esto se da no sólo en los negocios, sino en todas las áreas de tu vida.

Prácticamente a todos los síntomas de tu cuerpo se les puede seguir el rastro hasta llegar a uno de estos dos sistemas: algún exceso o deficiencia de las funciones celulares dirigidas por los sistemas autónomos. Como resultado de ello, cuando tus percepciones estén desequilibradas, generarás síntomas psicológicos para alertar a tu mente consciente de ese desequilibrio. La mente almacenará esos desequilibrios en la psique, o mente subconsciente, en forma de respuestas de *feedback* generadoras de impulsos o instintos, además de en forma de memoria o imaginación, hasta que estés preparado para la verdad y el equilibrio sincrónico del amor.

¿Estarías de acuerdo en que ha habido eventos en tu vida que pensabas que eran terribles, pero que más tarde viste que había algo fantástico oculto en ellos? Por el contrario, al final encuentras cosas terribles en lo que piensas que es fantástico. En realidad, todos los eventos son neutrales hasta que los valoramos con una conciencia incompleta. En esa conciencia incompleta, generamos síntomas para hacernos saber que ignoramos el otro lado de la ecuación: vemos respaldo sin retos, o retos sin respaldo. Siempre que no estemos dispuestos a ver toda la ecuación, generaremos síntomas para hacernos mirar el otro lado y, al final, nos liberaremos de los síntomas una vez que lo hagamos.

Una célula individual responde de la misma forma en que lo hace todo el cuerpo. La célula tiene una pared celular y un núcleo. La célula está rodeada de receptores, glucoproteínas especializadas que responden a los estímulos y hormonas, neurotransmisores, neuromoduladores, neurorreguladores y neurohormonas. Estas hormonas activan a mensajeros secundarios llamados AMP cíclico y GMP cíclico. Esos pequeños mensajeros secundarios inician, a su vez, un movimiento de iones hacia dentro y hacia fuera de la célula, activando una serie de enzimas que permiten que el núcleo sepa si debe experimentar una mitosis (para construir) o sufrir una apoptosis (para destruir).

Si estás pasando por más retos que apoyos, la célula ralentizará sus mecanismos de mitosis, porque necesitará desplazar sus recursos fuera del centro para proteger la pared celular de los daños, al igual que hacemos desde nuestros órganos internos para protegernos a un nivel de todo el cuerpo.

Las relaciones variables de estas respuestas frente a nuestras percepciones, ya sean leves o extremas, se etiquetan a veces como enfermedad. Tenemos distintos nombres para las enfermedades, dependiendo de las células o los tejidos que estén respondiendo. Si comprendes la fisiología celular, la fisiología nucleogenética y la fisiología enzimática, puedes obtener una indicación de qué enzimas están activadas, qué receptores están estimulados, qué hormonas están activas y qué emociones están generando estas respuestas.

En la actualidad, disponemos de tantas altas especializaciones en los cuidados de la salud que no tenemos una perspectiva interdisciplinar suficiente, por lo que el especialista en enzimología y el especialista en fisiología celular no siempre hablan entre ellos. Pese a ello, es buena idea fijarse en un paciente en todos esos sentidos para apreciar a qué, en su fisiología, está respondiendo la célula. Tu organismo revela qué está sucediendo en tus percepciones. Cuanto más estudies la fisiología y psicología aplicadas de tu cuerpo/mente, más humilde te volverás con respecto a la sabiduría de tu cuerpo y a su capacidad para adaptarse, y lo que sus respuestas de *feedback* o enfermedades pueden significar.

Si percibes más respaldo que desafío, tenderás a sentirte «colocado» por la dopamina y locamente enamorado. Cuando estás locamente enamorado de una persona, la percibes como si fuera más similar que diferente a ti.

Esta persona es una amiga. Recuerda que he dicho que tu identidad gira alrededor de tu valor más elevado. Tú te identificas con tu valor más elevado. Si ves a alguien con unos valores similares, te puede gustar o puedes enamorarte locamente de ella, porque puedes identificarte con ella. Puedes estar ciego ante sus puntos débiles, sus diferencias y sus acciones o comportamientos que desafían tus valores, pero ten por seguro que estas diferencias y desventajas están ahí y que tarde o temprano las descubrirás.

Normalmente te reproduces durante momentos de pasión. Creo que eso se debe a que, para perpetuar la especie, tendemos a estar dopados, locamente enamorados y ciegos ante los puntos débiles. De otro modo, no lo haríamos de forma tan impulsiva. Si realmente supiéramos en lo que nos estamos metiendo y con quién lo estamos haciendo, quizás no nos reproduciríamos tan fácilmente. Tal y como digo en broma, algunos momentos de actividad pueden dar como resultado décadas de experiencias de crecimiento gratificantes y castigadoras.

Cuando estás locamente enamorado de alguien, te abres a esa persona. Ella se convierte en una presa, como si quisieras comértela. Estate atento al lenguaje: *cariñito, amorcito, corazón, cielo, encanto, querido.* Al mismo tiempo, eres ingenuo y vulnerable a ella. Te minimizas con respecto a ella y la pones en un pedestal. A eso es a lo que llamamos enamorarse, lo que significa caer presa del deseo y la pasión. Cuando pones a la otra persona en un pedestal, temes perderla, y quizás empieces, por lo menos temporalmente, a sacrificar tus propias prioridades y valores más elevados para aferrarte a ella, igual que hice yo con la modelo española. Puedes volverte prácticamente adicto a la dopamina que has generado con este enamoramiento loco. Como resultado de ello, si la otra persona te deja, sufres síntomas propios del síndrome de abstinencia: experimentas pena, tristeza y arrepentimiento.

Cuando inyectas los valores superiores de la otra persona en tu vida, estos valores entran en tu mente consciente. Tus propios valores se vuelven secundarios durante un tiempo. Pierdes contacto con tu verdadero yo. Intentas ser alguien que no eres.

Aquí tenemos una señal de que estás locamente enamorado de alguien y te estás minimizando: te hablas a ti mismo con imperativos («Debería estar haciendo algo distinto a lo que estoy haciendo». «Se supone que tengo que estar haciendo esto». «Debería estar haciendo esto»), o en forma de preguntas («¿Por qué no puedo permanecer concentrado?». «¿Por qué no soy disciplinado?». «¿Por qué sigo saboteándome?». «¿Por qué no puedo hacer lo que digo?». «¿Por qué no puedo ceñirme a lo que acuerdo hacer?». «¿Por qué sigo tomando decisiones y no vivo de acuerdo con ellas?»). Siempre que no hagas lo que prediques, se deberá a que te estás subordinando a algún valor inyectado por parte de alguien a quien admiras o al que has convertido, temporalmente, en una autoridad.

Siempre que te marques una meta o una intención que no sea congruente con tus valores más elevados, seguirás regresando a tus propios valores más altos cuando actúes. También acumularás resentimientos, porque no podrás ser quien eres. Ahora tendrás una función autónoma dividida: una parte, que es consciente, está enamorada locamente, activando ciertas respuestas fisiológicas; y la otra parte, que ahora es inconsciente, empieza a estar resentida con la otra persona, generando un conjunto distinto de respuestas. No tendrás una función excesiva aparente sin una deficiencia en algún otro lugar, pero una se expresará conscientemente y la otra se verá «reprimida» o expresada inconscientemente.

Siempre que hay un conflicto entre lo consciente y lo inconsciente, suele ganar lo inconsciente. Pese a que estés intentando, conscientemente, vivir de acuerdo con los valores de otra persona, seguirás regresando a tus propios valores superiores. Tu inconsciente toma muchas de tus decisiones. Decimos que queremos hacer otra cosa, pero seguimos regresando a lo que, en realidad, valoramos más. Lo que decimos no es lo que importa, sino que lo es lo que vivimos.

Siempre que nos enamoramos locamente de alguien podemos perder de vista, temporalmente, quiénes somos. Perdemos nuestro estado empoderado, porque cuando vivimos de verdad y en un estado de congruencia con nuestros valores superiores, tenemos el máximo potencial y poder.

Los siete miedos

Aquí tenemos los siete miedos que nos inmovilizan y evitan que vivamos auténticamente:

- El miedo de violar la moral y la ética de alguna autoridad espiritual
- El miedo de no ser lo suficientemente inteligente, culto o creativo
- El miedo al fracaso en proyectos empresariales
- El miedo a la pérdida de dinero o a no ganar dinero
- El miedo a la pérdida de seres queridos
- El miedo al rechazo
- El miedo a una mala salud, la muerte o la enfermedad, o a carecer de la vitalidad y la belleza para conseguir lo que queremos

Estos siete miedos son procesos de autominimización como resultado de subordinarnos a otras personas que pensamos que tiene más destreza o logros en los negocios, más inteligencia, más conciencia espiritual o alguna otra cualidad. Mientras magnifiquemos a los demás y nos minimicemos a nosotros mismos, renegaremos de partes de nuestra propia identidad, intentando, conscientemente, ser alguien que no somos. Inconscientemente, seguimos viviendo de acuerdo con nuestra jerarquía de valores, pero pensamos que estamos cometiendo errores. De hecho, no estamos cometiendo errores en términos de nuestros valores más elevados, sino sólo en términos de valores inyectados desde el exterior. No hay errores percibidos en el interior de una persona auténtica con una psique humana plena. Es sólo cuando nos estamos comparando con otros e inyectándonos sus valores y expectativas cuando parecemos cometer errores.

Si alguien desafía nuestros valores y percepciones, tendemos a cerrarnos a él y a ofendernos con él. Como resultado de ello, le colocamos por debajo de nosotros y nos volvemos creídos. ¿Te has ofendido alguna vez con tu pareja, te has vuelto creído con ella y le has hablado con condescendencia, como si fuse menos que tú? Cuando proyectas tus valores sobre ella y esperas que ella viva según tus valores, generas, inevitablemente, frustración y futilidad.

Si te minimizas con respecto a otra persona, serás desagradecido *contigo.* Cuando lanzas a alguien al foso, te vuelves ingrato con *él.* Así pues, cuando juzgues a los demás, y a su vez a ti mismo, y tengas un desequilibrio en tu percepción, te volverás desagradecido. Esto genera síntomas en el cuerpo y en la psique. Esto supone un estado de ánimo menos resiliente.

La ingratitud probablemente sea el mayor iniciador de enfermedades en el cuerpo, porque es un estado mental desequilibrado. Es la asunción de que hay más apoyo que desafío o más reto que respaldo. Con una mente desequilibrada no podemos provocar un equilibrio autónomo ni «abrir el corazón» con gratitud. La gratitud es un estado perfecto de ecuanimidad, un estado mental perfecta y sincrónicamente equilibrado. Cuando no somos agradecidos, proyectamos nuestro sistema de valores sobre los demás en el mundo y los juzgamos de acuerdo con lo que hagan o no hagan que nos respalde o rete, en lugar de mirar más allá y ver el equilibrio inherente en nuestra vida social.

Siempre que no estemos honrando este equilibrio inherente, generamos síntomas para hacernos saber qué estamos haciendo. La ingratitud es gravitacional, en lugar de irradiativa. Te asfixia, en lugar de aligerarte. Cuando somos agradecidos, irradiamos hacia fuera y expandimos nuestros horizontes de tiempo y espacio. Cuando somos desagradecidos, nos contraemos y acabamos en el psicólogo. No vas a un psicólogo a no ser que padezcas algún tipo de ingratitud.

En mi Experiencia Descubrimiento, ayudamos a la gente a identificar su verdadera jerarquía de valores. Un gran porcentaje no lo sabe realmente. Están tan acostumbrados a subordinarse a figuras de autoridad externas y a inyectar los ideales de estas figuras en su vida que han confundido su identidad y su yo auténtico y han generado enfermedades para hacerles ser auténticos de nuevo. Nuestros sistemas fisiológicos de *feedback* y la intuición psicológica intentan volver a unir a nuestra mente consciente e inconsciente, para que así haya congruencia. Cuando la hay, vivimos de lo más plenamente, estamos más inspirados, tenemos el mayor bienestar y nos volvemos de lo más resilientes.

La mayoría de nosotros hemos hecho por lo menos un par de resoluciones de Año Nuevo que no cumplimos. De media, el 80 % abandonan al cabo de una semana o dos. Esto se debe a que no se marcan unas metas acordes con sus verdaderos valores más elevados, sino que se marcan objetivos que suelen ser fantasías unilaterales.

La depresión no es, en mi opinión, una enfermedad. Sé que a las empresas farmacéuticas les gusta promover esa idea, al igual que hacen algunos especialistas, especialmente el modelo de desequilibrio neuroquímico. Sin embargo, con los casos con los que he trabajado (y he trabajado con miles), no encuentro que eso sea cierto. Considero que la depresión es un sistema de *feedback* para permitir que la mente consciente sepa que es adicta a una expectativa poco realista o a una fantasía. Mientras la mente se aferre a una fantasía, debe generar síntomas a modo de respuesta homeostática de *feedback* para romper la adicción. El organismo es bastante ingenioso y hace cosas extraordinarias para despertarnos a nuestro verdadero yo. Cuando estemos viviendo de acuerdo con nuestros valores superiores, seremos más objetivos o neutrales y soportaremos el dolor y el placer, el respaldo y el reto por igual. Cuando no estemos viviendo de acuerdo con nuestros valores superiores, estaremos más polarizados subjetivamente, y buscaremos la gratificación inmediata, y despertaremos la adicción impulsiva. Las personalidades adictivas son subproductos de unos valores superiores insatisfechos, de unas fantasías extáticas malinterpretadas y de pesadillas traumáticas. En la medida en la que nuestros valores más elevados no se vean satisfechos, tenemos unas mayores probabilidades de iniciar una adicción a algo, ya se trate de la comida, las drogas, el sexo o el alcohol. Estamos buscando una gratificación inmediata porque no nos sentimos inspirados ni satisfechos con nosotros mismos.

La gente hace, consciente o inconscientemente, cosas extraordinarias para hacer realidad sus valores superiores. He visto un caso clínico en el cual una mujer inició, de hecho, una enfermedad terminal para hacer que su familia fuera a verla. Los sometió a unas exigencias frustrantes y asfixió a sus hijos con expectativas cuando eran adultos jóvenes, así que se alejaron de ella todo lo que pudieron: se dispersaron por todo el mundo. La madre empleaba cada chantaje emocional en el que pudiera pensar para hacer que su familia regresara. Ninguno de ellos funcionó. Acabó con una enfermedad terminal y su familia fue a verla.

Tuve la oportunidad de trabajar con esta mujer y le pedí que compartiera qué beneficios estaba recibiendo de esta supuesta enfermedad. De repente, se dio cuenta de uno de ellos (hizo que afloraran lágrimas en mis ojos): «Oh, Dios mío, por fin he logrado reunir a mi familia. He estado esperando treinta años».

Otro ejemplo: he trabajado con personas con diabetes y, en mi opinión, hay ciertos rasgos psicológicos en el caso de los diabéticos. Les gusta tomar decisiones y no quieren escuchar las tuyas. Tienden a ser hipócritas y amargados y proyectan sus valores sobre otras personas. Si quieres que hagan algo, suele ser conveniente hacer que parezca que se trata de una decisión suya.

Por otro lado, los hipoglucémicos son personas cohibidas: se minimizan a sí mismas. Cuando te sientes desafiado y amargado y te hinchas y sientes altanero y creído, tus niveles de azúcar en sangre aumentan. Cuando te sientes respaldado y dulce y te desinflas a ti mismo y te sientes modesto y humillado, tus niveles de azúcar en sangre bajan. La gente con unos niveles bajos de azúcar en sangre tiende a estar en el lado de la humildad y a ser cohibidos. Se minimizan a sí mismos en relación con otras personas. Los investigadores han visto que los gatos tienen una mayor probabilidad de padecer diabetes, y que los perros tienen una mayor probabilidad de sufrir de hipoglucemia. No puedes decirles a los gatos qué hacer, pero sí puedes decirles a los perros qué hacer.

Una paciente con una diabetes prolongada y avanzada entró en mi consulta. Su ceguera estaba empezando a hacer acto de presencia. Le estaban empezando a salir úlceras en las piernas. Estaba, ciertamente, sufriendo neuropatías. Los médicos dijeron: «Esto va a ser progresivo. Tendrá que administrarse su insulina y monitorizarla y perderá, progresivamente, algunas de sus capacidades».

Anteriormente había tenido a un paciente que tenía cita para que le amputasen las piernas debido a la diabetes y las neuropatías periféricas que la acompañaban. Usamos un protocolo especial, y trabajando juntos con responsabilidad, le salvamos las piernas, y sus niveles de azúcar en sangre regresaron a unos rangos más normales. Habíamos vivido un cambio tan grande con él que me sentí con la confianza de que podríamos hacer algo por esa mujer.

Le expuse el protocolo que, ciertamente, iba a conllevar mucho trabajo: movimiento y ejercicio, cambios en la dieta y lidiar con las percepciones psicológicas y las expectativas.

Me miró, avergonzada. Dijo:

—Doctor Demartini, comprendo lo que quiere decir, pero no puedo hacer eso.

—Estoy entusiasmado con los resultados. Sé que podemos obtener resultados.

—Doctor Demartini, no he venido para eso.

—¿Qué quiere decir?

—¿Ve a esa mujer que hay ahí fuera, esa encantadora mujer africana que me lleva de un lado a otro en la silla de ruedas? Lleva ocho años conmigo. Me quiere, y lo sabe todo sobre mí. Es la persona más cercana que tengo en mi vida. Si no necesito la silla de ruedas y vuelvo a vivir mi vida de nuevo, los retos y las responsabilidades (y perderla), son mucho más amedrentadores para mí que permanecer en la silla de ruedas y morir. Voy a ver a médicos buscando presuntas soluciones, porque si lo hago, sigo consiguiendo mis cuidados y mis ingresos; pero, en realidad, preferiría morir que tener que ser responsable de nuevo en esta etapa.

Así pues, a veces puedes ver motivos inconscientes en estos pacientes. En cuanto empiezas a desplazarles hacia el bienestar, se les ocurren mecanismos para evitarlo, ya que están obteniendo unos beneficios secundarios y ventajas ocultas de su enfermedad. Muchas enfermedades son estrategias conscientes o inconscientes para satisfacer distintos objetivos.

Conozco a una mujer a la que le dieron un diagnóstico de cáncer de mama en fase 1 dos semanas después de descubrir que su marido estaba a punto de presentar los papeles para el divorcio para irse con una mujer veinte años más joven. La idea de perderle, y de perder su identidad y a sus hijos provocó que manifestara esta enfermedad. Cuando le formulé algunas preguntas y descubrí sus motivos inconscientes, lloró. No podía creer que se hubiera hecho eso a sí misma para asegurarse de que la otra mujer no fuera a por su marido. En cuanto él decidió descartar el divorcio, el cáncer de mama en fase 1 experimentó el raro fenómeno de la remisión espontánea,[1] se volvió fibroso y desapareció. Soportaremos cosas extraordinarias para satisfacer nuestros valores.

La adicción como etiqueta

Adicción es una etiqueta que alguien con un conjunto distinto de valores te pone cuando lo que sea que haces para hacer realidad tus valores más elevados le desafía profundamente y tú llevas a cabo ese comportamiento más que él. Alguien que beba tanto alcohol como tú y que disfrute de tu compañía mientras bebéis no te llamará adicto, sino amigo. Sin embargo, si haces cosas que reten a sus valores y bebes más de lo que él crea que puedes tolerar, o más de lo que él beba, empezará a

1. Remisión espontánea: Un raro fenómeno en el que un cáncer se reduce o desaparece sin tratamiento. En el caso del cáncer de mama se ha reportado un fenómeno de curación en el que las lesiones intraductales se ven completamente reemplazadas por componentes fibrosos.

etiquetarte: «Eres un adicto. Debes buscar ayuda». «Diagn*óstico*» procede del griego *dia* («a través de») y de *gnosis* («conocimiento»), pero también puede significar *di* («dos») y *agnosis* («no saber»). Los ciegos guían a los ciegos. El diagnóstico no es una ciencia absoluta: a veces es una etiqueta.

Uno de los centros de diagnóstico médico más respetado del mundo ha visto que sólo entre el 50 y el 75 % de los diagnósticos resultan ser completamente precisos al compararlos con segundas o terceras opiniones o autopsias. Hay muchos falsos positivos y falsos negativos. Si alguien come demasiado, bebe demasiado o practica una cantidad desmesurada de sexo, puede que, en algún momento, alguien le etiquete como un adicto. Si suficientes personas le etiquetan de esa forma, empezará a creérselo o se convencerá. ¿Has visto a gente de Alcohólicos Anónimos (AA)? A veces han pasado de una adicción al alcohol a una adicción a AA. Se han visto desplazados hacia una forma más aceptable de adicción, de forma que puedan vivir en sociedad sin ser etiquetados.

Hace poco estaba trabajando con una mujer que vivía comiendo constantemente. Creo que comió cinco platos mientras estuve con ella. No dejaba de pedirme que la ayudara con su problema de comer en exceso. Su mente consciente estaba diciendo: «Quiero dejar de comer: me está matando. Simplemente míreme». Así que, conscientemente, estás escuchando: «Quiero parar. No debería estar haciendo eso. Debería estar haciendo esto otro». Date cuenta de los imperativos.

La primera cuestión que le expuse fue:

—Ahora empecemos a identificar los muchos beneficios inconscientes que está usted obteniendo de comer.

—No hay ningún beneficio.

—No. Ningún ser humano llevará a cabo un comportamiento a no ser que haya, consciente o inconscientemente, más beneficios que desventajas. Usted dice que no hay beneficios, pero en lo más profundo es evidente que los hay. Ahora vamos a desvelarlos para así poder llevarlos de la mente inconsciente a la consciente y hacerla estar al tanto de por qué está mostrando este comportamiento y enseñarle a transformarlo en algo más satisfactorio. Así pues, averigüemos los beneficios que tiene comer en exceso para usted.

—No se me ocurre ninguno.

—Vuelva a fijarse, por favor –le dije–. ¿Cuáles son los beneficios? Hay beneficios desde el punto de vista espiritual, mental, económico, social o físico, o en relación con la trayectoria profesional y la familia. Demos una vuelta por la rueda de la vida y fijémonos en ellos.

Una vez más, dijo:

—No se me ocurre ninguno.

¿Qué significa eso?: «No quiero averiguar cuáles son esos beneficios, no quiero descubrir la verdad sobre lo que estoy haciendo aquí».

Cuando le pides a alguien que busque los beneficios inconscientes y te dice que no puede encontrar ninguno al cabo de un segundo o dos, no está intentando buscar de verdad. Quiere aferrarse a su percepción actual y no quiere creer que quizás haya tales motivos.

Finalmente, desvelamos el primero. Hizo que le apareciera una lágrima en los ojos. Averiguamos que su madre, su hermana, su hermano y su padre eran obesos. Si ella no mostraba obesidad no encajaría en su familia. ¡Eso era una locura!

Entonces averiguamos que su hermana, que es dos años mayor, era más grande que ella y la mangoneaba y pegaba cuando era mucho más joven debido a la atención que estaba recibiendo. Descubrimos que ella no iba a permitir que su hermana la mangoneara, así que se aseguró de comer más que su hermana para ser más grande y poder resistir sus ataques y hacerla retroceder.

Había dos beneficios. Yo estaba aspirando a averiguar más. Entonces encontramos el tercer beneficio: cuando eres obeso y pierdes peso, tu piel queda flácida. Cuando ella hacía dieta, en cuanto su piel empezaba a colgar, pensaba: «No puedo soportarlo». Por lo tanto, empezó a comer para hacer que su piel volviera a estar lisa.

También desvelamos otro hecho: probó una dieta radical y perdió varios kilos. Cuando lo hizo, un hombre le mostró afecto. Él la persuadió para tener relaciones sexuales y al día siguiente la dejó. Por lo tanto, se prometió: «No voy a volver a perder peso porque no quiero volver a ser así de vulnerable nunca».

Ese día, desvelamos setenta y nueve beneficios inconscientes. Esa noche, cuando le había pillado el tranquillo, se fue a descansar y acabó descubriendo ciento cincuenta.

Regresó al día siguiente y dijo:

—En realidad no tengo intención de perder peso, ¿verdad?

—No con los valores y los beneficios que está obteniendo en este preciso momento. Probablemente no.

—Ésa es la razón por la cual, independientemente de lo que haga, sin importar la estrategia que aborde, vuelvo a hacerlo inmediatamente, como un termostato.

—Genial, porque sus decisiones se basan en la mayor ventaja sobre la desventaja, en las mayores recompensas por encima del riesgo.

—Esto me resulta muy revelador.

De ciento cincuenta razones, tenía cuarenta que hicieron que le brotaran lágrimas desde lo más hondo de su ser y unas profundas comprensiones. Una vez que hicimos aflorar esos motivos inconscientes a la consciencia, dispusimos de algo con lo que trabajar.

No la juzgué. No la etiqueté. No la condené. No le dije que estaba equivocaba o que era incapaz. De hecho, le dije:

—Es tiempo de que se abrace a sí misma.

—¿Por qué?

—Porque es usted lo suficientemente brillante como para conseguir ciento cincuenta beneficios con un acto: comer. Eso es ingenioso. Dese un abrazo.

Reveló lo estratégicamente brillante que era: un acto con tantos beneficios.

No tacho de equivocado a alguien etiquetado como adicto. No encuentro que eso sea productivo. Le muestro respeto por su genialidad para obtener muchos beneficios con un acto. Dije:

—¿Puede ver lo empoderada que ha estado para obtener todos estos beneficios con un solo acto?

—Lo sé.

—Al igual que tiene usted el poder para hacer eso, tiene el poder para iniciar otros actos. Podemos diversificar esos beneficios y enviarlos en distintas direcciones.

—¿Cómo hacemos eso?

—No voy a decirle que no puede comer, pero vamos a desplazar lo beneficios hacia una variedad de otras cosas, de modo que pueda hacerlas o comer lo que quiera sin estar en lo cierto ni equivocada al respecto.

—¿Qué tengo que hacer?

—Vamos a dar con cuatro o cinco formas alternativas viables de obtener esos beneficios aparte de comiendo.

Tomamos la primera y pregunté:

—¿Cómo puede usted ser parte de la familia y encajar independientemente del tamaño sin comer? ¿Qué más hace su familia en común que pueda usted hacer aparte de comer con ella?

Anotamos cinco alternativas distintas, como ver la televisión e ir al cine o a la iglesia con su familia. Nos fijamos en cuatro o cinco formas alternativas de formar parte de una familia sin tener que comer o ser voluminoso. Entonces dimos con cuatro o cinco alternativas viables para cada una de las ciento cincuenta: eso son setecientas cincuenta alternativas viables distintas.

En el proceso de hacer esto, había duplicaciones, así que a final hubo sólo cuarenta alternativas viables reales. Entonces identificamos las mayores prioridades entre esas cuarenta: los ítems que aparecían más veces.

La determinación del valor

Una vez que se listaron esas alternativas, tomé esa información y empleé el Método Demartini de determinación del valor. Identifiqué los tres valores superiores de esta mujer fijándome en lo que ponía de manifiesto su vida.

Me fijé en aquello a lo que más dedicaba su tiempo; cómo llenaba más su espacio; qué acciones la energizaban más; en qué gastaba más dinero; qué dominaba sus pensamientos, sus visiones interiores y su diálogo interior sobre cómo le gustaría que fuese su vida que mostrara evidencias de convertirse en realidad más frecuentemente. ¿Era ella la más organizada? ¿Era la más disciplinada? ¿Sobre qué hablaba más a los demás? ¿Qué la inspiraba más? ¿Qué objetivos persistentes a largo plazo había estado poniendo de manifiesto? Me fijé en lo que mostraba su vida, porque cuando le pregunto a la gente cuáles son sus valores, frecuentemente miente inadvertidamente. No estaba interesado en sus ideales o fantasías. Sólo estaba interesado en lo que su vida mostraba.

Si voy a una compañía y me presento a sus líderes o sus equipos de gestión, frecuentemente distorsionan y a veces se mienten a sí mismos sobre sus valores. Usan el idealismo social con fines de *marketing* en lugar de fijarse en lo que les impulsa realmente a ellos y, por lo tanto, a la empresa. Trabajé con una compañía de silvicultura que había anotado la afirmación de su misión: se dedicaban a proporcionar los productos de silvicultura, madera y papel más rentables al país. Sin embargo, la pura verdad es que el director ejecutivo se dedicaba a la compañía porque había sido tan pobre de niño que no disponía de papel. Se comprometió a que ningún niño en el planeta se viera humillado por eso nunca más. Su verdadero motivo intrínseco procedía de lo más profundo de su ser en su niñez. El motivo superficial era aquel que se le ocurrió a su hábil compañía de *marketing*. Es importante llegar al verdadero valor impulsor, y no a los superficiales.

Nos ponemos una fachada frente a la gente, pero tenemos otra vida en nuestro interior. Identifiquemos los verdaderos valores centrales.

Regresando a la mujer que había estado comiendo excesivamente, una vez que identifiqué sus tres valores principales inicié un proceso de vinculación y desvinculación, mediante el cual vinculé sus nuevos comportamientos alternativos viables a sus tres valores superiores y desvinculé su comportamiento de consumo excesivo de comida de sus tres valores más elevados.

«¿De qué manera concreta llevar a cabo esta primera nueva acción alternativa te ayudará a satisfacer tus tres valores más altos?». Responde a eso por lo menos treinta veces.

Haz esto con cada una de las cinco alternativas viables secuencialmente. Entonces, para desvincular, pregunta: «¿de qué manera concreta llevar a cabo ahora el comportamiento de comer excesivamente dificultará que satisfagas tus tres valores superiores?». Responde a eso por lo menos treinta veces.

Así pues, para reiterar:

Paso número uno: identificar los beneficios que la persona está recibiendo de la presunta conducta adictiva (en este caso comer en exceso).

Paso número dos: identificar las alternativas viables.

Paso número tres: identificar los verdaderos valores de la persona tal y como se muestran en su vida, ya que es así como toma decisiones.

Paso número cuatro: tomar las cinco mejores alternativas viables, las que se muestran más frecuentemente, y vincularlas a los valores más elevados de la persona.

Paso número cinco: desvincular o desconectar la presunta conducta adictiva original (comer en exceso) de los valores más elevados.

Paso número seis: identificar la subducción que está impulsando la adicción. No hay ninguna acción adictiva sin una acción subductiva opuesta. Independientemente de lo que busques, evitas su opuesto.

Paso número siete: equilibrar, con el Método Demartini, las obsesiones y resentimientos, las fantasías y las pesadillas, los éxtasis y las torturas, los orgullos y las vergüenzas almacenados previamente.

Tal y como se ha afirmado anteriormente: vinculas las alternativas viables a los valores mediante preguntas: ¿de qué manera concreta llevar a cabo esta alternativa viable te ayudará a satisfacer tu valor más elevado? Hago que la persona responda a esa pregunta más de treinta veces. Entonces, ¿de qué manera concreta llevar a cabo esta alternativa viable te está ayudando a alcanzar tu segundo y tu tercer valor más elevados?

Entonces voy a la segunda alternativa viable, vinculándola, una vez más, a los tres valores superiores, y hago lo mismo con la tercera, la cuarta y la quinta. Vinculo las cinco alternativas viables a sus tres valores superiores.

Siempre que vinculas algo a tus valores más elevados, mielinizas los nervios de tu cerebro anterior con tus células oligodendrocíticas gliales, de modo que las funciones sensoriales y motoras se están moviendo ahora en esa nueva dirección como resultado de un nuevo condicionamiento y neuroplasticidad. Eso empieza a suceder en milisegundos. En cuanto formulas la pregunta y la contestas, tu sistema nervioso se está remodelando.

Yo remodelo el sistema nervioso vinculando alternativas a estos valores superiores. Una vez que lo hago, la persona empieza a ver el mundo de forma distinta. Si puedo relacionar estas alternativas viables con sus valores más elevados, su conciencia perceptual, sus decisiones y sus acciones se moverán en esa dirección. Sin embargo, es buena idea que se te ocurran por lo menos treinta beneficios para vincular intensamente estos beneficios a esos valores más altos.

El paso número cinco consiste en desvincular la adicción original de los tres valores más elevados. Analizo el problema original de, digamos, comer en exceso, como es el caso, y pregunto cómo está interfiriendo tu hábito de comer excesivamente con estos tres valores superiores. Porque si condenas a alguien por su adicción y no dispone de una alternativa viable, generarás estrés, ansiedad y culpabilidad, lo que hará que continúe con la actividad adictiva: el cerebro se mieliniza más para evitar las críticas. Dispones de una alternativa viable para mielinizar el cerebro antes de poder desmielinizar la vía de la presunta conducta adictiva hacia los valores superiores sin ansiedad. Siempre que veas acciones que se perciban como desventajas o que desafíen tus valores superiores y que generen inconvenientes añadidos para ellos, desmielinizas las viejas vías cerebrales y usas la neuroplasticidad para avanzar hacia la dirección más nueva y viable.

Solicito por lo menos treinta respuestas desvinculantes preguntando a la persona de qué otra forma está esta actividad interfiriendo con sus valores superiores. Entonces puedo amontonar los inconvenientes sin ansiedad, culpabilidad ni vergüenza, porque ahora dispone de una alternativa viable. Con cada nuevo vínculo que establezco con la alternativa viable y desvinculo de la actividad original, la persona se ve crecientemente inspirada por una conducta alternativa. No puede esperar a despertar, la mañana siguiente, para satisfacer sus valores en la nueva vía. Si todavía no tiene ese deseo mayor y espontáneo para llevar a cabo esas cosas nuevas, todavía no ha realizado una vinculación suficiente.

Este proceso puede hacer que te explote la cabeza. He tenido a gente que había sido adicta a la heroína durante muchos años (seis años en un caso), abandonarla por completo, sin los efectos secundarios del síndrome de abstinencia. Los síntomas del síndrome de abstinencia no se deben tanto a la droga, sino a las asociaciones cerebrales hechas mientras tomas la droga que respaldan tus valores y tus fantasías. Si anulas esas fantasías con los inconvenientes, los síntomas del síndrome de abstinencia disminuyen o no se dan. Estos síntomas proceden, en cierta medida, de la abstinencia de compuestos químicos en el cerebro, de dopamina y de oxitocina, y no sólo de los opioides de tu cerebro.

El paso seis consiste en identificar la subducción que está motivando la adicción. No me he encontrado con ningún caso de adicción en el que no hubiera subducciones (generalmente entre una y cinco subducciones). Una subducción es algo que quieres evitar en tu memoria porque es extremadamente desafiante para tus valores y doloroso para ti.

Había un caballero en Denver que era alcohólico. Acudió a la Experiencia Descubrimiento, en la que estaba disolviendo cargas emocionales que se habían acumulado lidiando con su padre. Su padre era alcohólico, y a veces era muy agresivo y abrumador. Su madre era todo lo contrario a su padre. A veces era una persona sobreprotectora, pasiva y desempoderada. Siempre que tienes a una esposa muy desempoderada y a un marido subyugador, es más probable que se precipite la violencia doméstica. Éste era un caso clásico. Sin embargo, al cabo de algunos años de una dinámica familiar volátil, ella acabó falleciendo cuando el muchacho tenía cuatro años.

El padre estaba airado ahora que no disponía de una mujer que atendiera sus necesidades domésticas básicas, por lo que hizo que su hijo se convirtiera en su esposa. Él tenía que cocinar y hacer las tareas del hogar que su madre había llevado a cabo. Durante la siguiente década, el chico fue responsable de todo lo que el padre exigía. Si no hacía lo que se suponía que tenía que hacer, su padre le pegaba.

Cuando el muchacho cumplió catorce años, acabó sintiéndose lo suficientemente fuerte para ganarse su independencia y le dijo «Que te den» a su padre. Le robó la camioneta, salió de fiesta con un amigo, se emborrachó, se vio implicado en un accidente automovilístico en el que su amigo murió y acabó en el hospital.

El padre se acabó enterando de todo, fue al hospital y dijo: «¿Cómo se supone que voy a ir al trabajo ahora? No quiero volver a verte».

Este chico creció con esas heridas perceptuales o subducciones. Tuvo que enterrar la muerte de su mejor amigo profundamente en su mente, ya que no sabía cómo procesarla. Su padre solía pegarle. Tampoco sabía cómo procesar eso, ya que, en lo más profundo de su ser, independientemente de lo que haya hecho el padre, el niño sigue queriendo a su progenitor y no siempre sabe de estrategias alternativas sobre cómo abordar estas dinámicas desafiantes, lo que genera un conflicto interior.

Beber se convirtió en su forma de procesar estas percepciones almacenadas en su subconsciente.

No saber cómo procesar las subducciones impulsa las adicciones. Rara vez buscarás un extremo sin evitar alguna otra cosa que sea extrema. El siguiente paso consiste en averiguar cuáles son esas percepciones extremadamente polarizadas.

El Método Demartini muestra cómo disolver el resentimiento y la carga emocional relacionados con las experiencias que no hemos procesado de una forma equilibrada. Equilibramos, neutralizamos y disolvemos las subducciones hasta que no queda nada ahí excepto un *gracias*.

Hasta que ya no seas una víctima de tu historia, es improbable que controles tu destino, porque independientemente de aquello de lo que huyas, estarás encontrándote precisamente con eso. Independientemente de lo que sea aquello que condenes, lo cultivarás, atraerás y te convertirás en ello.

Aquello que intentes enterrar te enterrará. Aquello a lo que te resistas persistirá. Disolver las subducciones mediante el equilibrado de las percepciones libera el impulso subyacente por la supuesta adicción.

Una vez que las subducciones se han equilibrado, disuelto y valorado usando el Método Demartini, pasamos al siguiente paso: una serie de preguntas sobre cualquier recuerdo, fantasía y pesadilla excesivamente doloroso y placentero en tu vida que esté desequilibrado, y los llevamos de vuelta al equilibrio en cuanto a su percepción.

Siempre que tengas un recuerdo de alguien criticándote, averigua quién (real o virtual) estaba elogiándote al mismo tiempo en ese momento. Siempre que alguien te estuviera rechazando, averigua quién te estaba aceptando y te quería en ese momento. Siempre que cualquiera pensara que eras estúpido, alguien estaba pensando que eras brillante. Es un ejercicio que consiste en volver a equilibrar las percepciones desequilibradas.

Estamos tan acostumbrados a tener razón en nuestras valoraciones que no nos tomamos el tiempo necesario para fijarnos en el otro lado que nuestra mente inconsciente ha almacenado y que está esperando que pongamos de manifiesto con nuestra intuición.

La carga emocional

Cuando tenía veintitrés años, escribí un libro titulado *The illusional basis for man's health and disease.* En él explicaba cómo nadie percibe nunca nada sin un contraste con una pareja de contrarios. Cuando tienes una memoria polarizada que no tiene su opuesto, llamamos a eso carga o lastre emocional, y no se verá liberado hasta que no lo devuelvas al equilibrio. Tu intuición está intentando revelarte el lado que estás ignorando para liberar la emoción desequilibrada. Está intentando traer a tu consciente inconsciente para hacerte plenamente consciente, auténtico y resiliente.

Cuando trabajo contigo, si otros ya te han etiquetado como si tuvieses algún tipo de adicción, te hago preguntas que ayudan a tu intuición a revelar un contenido y motivos inconscientes para liberarte de un contenido cargado emocionalmente en tu memoria e imaginación que está, potencialmente, persiguiéndote. Te ayudo a resolver y equilibrar tus ecuaciones mentales. Puede que al principio sea necesario usar algún tipo de técnica de regresión para ayudarte a acceder al contenido desde tu nacimiento hasta los cinco años, pero desde los seis hasta los diez años, desde los once hasta los veintiuno y los treinta, etc., hasta llegar a tu edad actual, puedo, simplemente, usar el Método Demartini y ver cuántas percepciones desequilibradas puedes devolver al equilibrio. Al hacerlo, disuelves la *philia,* que son las adicciones, y la fobia, que es la subducción, porque la una no existe sin la otra. Mientras sientas pruebas de un dolor sin placer o de un placer sin dolor, has implementado sistemas de adicción, subducción o filofobia bipolares.

El siguiente paso consiste en identificar a cualquiera (tú mismo u otros) a quien no hayas apreciado y querido. Cualquier cosa en tu vida a la que no puedas dar las gracias es una carga, y te convierte en una víctima de la historia, y no en un dueño del destino. Hago que la gente despeje cualquier carga que esté ahí. Es improbable ser adicto a algo a no ser que padezcas una falta de satisfacción y una polarización de la percepción basados en tu amígdala.

Sí, lo sé: he estudiado la genética de la adicción y hay muchos genes relacionados con ella; pero muchos de los genes están activados y se expresan y se desactivan y reprimen por percepciones y sus expresiones autónomas y epigenéticas asociadas. Esta es una información nueva procedente de estudios sobre la epigenética.

Es muy fácil caer en la idea de que «mi padre era así, por lo que yo tengo que ser así». Ésta es una mentalidad de víctima cabeza de turco, y evita que la gente se autoempodere y se libere de los espejismos.

Tenemos un tremendo poder y potencial en nuestro interior. Tal y como dijo William James, los seres humanos pueden vivir su vida modificando sus percepciones y sus actitudes mentales. Si asumimos el mando sobre cómo percibimos las cosas, tenemos un poder tremendo para modificar las etiquetas que nos ponemos, además de nuestro funcionamiento. No estoy diciendo que cada caso pueda transformarse rápida y fácilmente de esta forma, pero en un gran número de cosas sí tenemos el poder de cambiar. Con mayor frecuencia se trata de una habilidad a la hora de abrirte camino a través de sus motivos conscientes o inconscientes.

Cuando comprendes las funciones y las estrategias de la mente y las utilizas sabiamente, pueden provocar unas transformaciones profundas en tu fisiología y psicología. Cuando vives de forma congruente con tus valores superiores, tienes el mayor potencial y una gran resiliencia.

No conozco, realmente, los límites del potencial de nuestra mente. Tal y como dice Deepak Chopra, puede que sea infinito. Hace poco conocí a un niño prodigio autista de diez años que se leía un texto de astrofísica en minutos y que tiene una memoria fotográfica con textos de cuatrocientas páginas. He visto a gente tener remisiones espontáneas de sus enfermedades.

Un médico de Calgary (Alberta, Canadá), me remitió a una paciente que padecía ileítis regional (enfermedad de Crohn) desde hacía once años. Estaba destrozada por dentro: ulceración del intestino delgado, heces sanguinolentas, calambres, hinchazón y fatiga. Tenía un conflicto interno que tenía que ver con la confusión sexual con respecto su padre. Su madre había reprimido su sexualidad, y su padre estaba desarrollando parte de la sexualidad reprimida con ella. La hija lo captó.

Una vez más, aquello que sea que los progenitores repriman, los hijos lo expresarán a veces. Independientemente de lo que condenes, lo engendrarás. Dime qué es lo que más condenas, dime qué es lo que más reprimes, y te diré en qué puede que se especialicen tus hijos.

En este caso, la criatura estaba viviendo la represión sexual de su madre con su padre. El padre no había superado la vergüenza y la culpabilidad por un asunto relacionado con la masturbación. Estaba muy cargado con respecto a ese recuerdo y estaba intentando resolver ese asunto. Desde su niñez, la chiquilla empezó a sufrir de ileítis regional porque no sabía cómo procesar el conflicto interno entre los «deberías» de la sociedad y los sentimientos que estaba experimentando por su padre y su madre.

Usando el Método Demartini, disolví muchas de las cargas emocionales. Abrió su corazón por su padre y su madre y vio un orden superior. Comprendió por qué se había especializado en su trayectoria profesional y por qué había atraído al hombre que había en su vida. Estalló en lágrimas de gratitud. Fue el último día que sufrió de síntomas de ileítis regional.

Sanando la sordera y la ceguera

En el programa de seminarios de la Experiencia Descubrimiento que presenté en Hamilton (Ontario, Canadá) asistió un hombre cuarentón. Había estado ciego y sordo desde su nacimiento, pero era quiropráctico. Como no podía oír ni ver, tenía una sensibilidad cinestésica y táctil agudizada, y era un practicante increíble trabajando con sus manos. La gente acudía a verle desde todos los lugares. Trajo con él a una mujer asistente (o traductora especial), para ayudarle a relacionarse con su comunicación táctil con sus manos y dedos.

En el programa le pregunté a este hombre, a través de su traductora, cuál era la mayor causa de resentimiento en su vida. Se trataba de su padre. Mientras él salía por el canal del parto cuando nació, su cabeza se deformó (cosa que le sucede a algunos bebés, aunque más adelante su cabeza suele retornar a la normalidad). El padre vio eso y pensó que el bebé estaba mentalmente discapacitado. No podía soportar la idea de tener un hijo deforme o trastornado, y le golpeó, haciéndole caer desnudo al suelo de los brazos de su madre. Entonces, el padre se fue y nunca volvió a ver ni a la madre ni a su hijo. No creas que los niños no recuerdan estas cosas. Practico la regresión con la gente, y desvelamos algunas experiencias sorprendentes que después se confirman. Es increíble lo que recuerdan. Algunos especialistas creen y dicen que tales recuerdos son improbables, pero que, ciertamente, se dan, y muchas regresiones han desvelado cosas sorprendentes que se pueden confirmar.

La mayoría de los asistentes finalizaron el Método Demartini en el taller hacia medianoche, pero él no. Él se fue a casa y trabajo por sí mismo hasta las tres de la mañana para procesar a través de las preguntas.

A las tres de la mañana le acudió una idea. Le vino a la mente la palabra *avergonzado*, porque había estado avergonzado por su propia desnudez cuando su padre le golpeó, haciéndole caer de los brazos de su madre. Todo lo que podía oír en lo más profundo de su mente era: «No quiero verle. No quiero oírle». Él, a través de alguna forma de somatización,[2] bloqueó su oído y su vista.

A las tres de la mañana, este hombre, a través de nuevas asociaciones, descubrió y despertó contenido inconsciente desde su mente y ensambló un rompecabezas de su vida. Se dio cuenta de que el incidente en su nacimiento era ahora, súbitamente, un regalo, ya que le había llevado a las artes de la sanación, a las habilidades por las que era conocido, a gran parte de la vida que llevaba en la actualidad. De repente, vio claramente las ventajas ausentes y equilibrantes de lo que se percibía como un rechazo y todas las desventajas. Estaba agradecido: abrió su corazón y, por primera vez, sintió amor por su padre. Empezó a decir: «Soy médico debido a eso. Tengo unas habilidades especiales debido a eso. Soy quien soy debido a eso. Ahora siento que eso no fue un error. Hay un orden superior relacionado con ello». Ya no era la víctima de su historia.

El hombre grabó lo que estaba haciendo y lo llevó consigo para dármelo a la mañana siguiente. La grabación de su respuesta estaba como amortiguada, pero en un momento dado, oí un reloj de carillón sonar en segundo plano. En el momento en el que estaba ahí sentado, mostrándose agradecido y en un estado extático de dar las gracias a su madre y su padre, dijo: «¡Oh, Dios mío! ¡Oh, Dios mío! ¡He oído el reloj! ¡Pue-

2. Somatización: Cuando las preocupaciones psicológicas se transforman en síntomas físicos.

do oír!». Algunos segundos después volvió su cabeza hacia el lugar del que procedía el sonido. Después de cuarenta años su vista y su oído habían vuelto. Tengo esa cinta. Si la escuchas, quedarás anonadado y notarás escalofríos subiéndote por la espalda y lágrimas en tus ojos.

A la mañana siguiente, cuando entré, algunas personas estaban reunidas a su alrededor.

—¿Qué está pasando aquí? –pregunté.

—Ayer por la noche, a las tres de la mañana –dijo el hombre–, recuperé la vista y el oído, que había perdido cuando nací. Puedo ver y oír de nuevo.

Tuve que sentarme porque eso me resultó sorprendente e inspirador. Pero incluso esta maravillosa recuperación tuvo sus ventajas y desventajas, porque la identidad de su esposa giraba alrededor de ser su apoyo. Cuando eso ya no fue necesario, generó un reto importante para él que podría haber sido tan desafiante como no ver ni oír. Como la naturaleza implica un equilibrio entre respaldo y desafío, hubo un nuevo apoyo y un nuevo reto.

En cualquier caso, no sé cuáles son las limitaciones de una mente equilibrada en la sanación del cuerpo. Escribí un libro en 1997 titulado *Dar las gracias a la vida: transforma tus problemas en pasos hacia una existencia equilibrada y creativa* debido a las muchas transformaciones en la sanación que había visto.

A mediados de mi veintena trabajé al lado del MD Anderson Cancer Center en Houston, y trabé amistad con algunos de los médicos y las enfermeras. La enfermera jefe de oncología dijo: «Cuando la gente entra, podemos adivinar quién va a superarlo y quién no por su personalidad y actitud. Tenemos una tasa de predictibilidad de alrededor del 87 %». Se trataba, supuestamente, de pacientes terminales, pero sus motivos conscientes e inconscientes solían determinar si iban a vivir o morir.

Axiología: El estudio de los valores

La axiología es una rama de la epistemología, el estudio del conocimiento, que explora el estudio de los valores y la valía. La economía deriva de la axiología.

En su famoso estudio de la personalidad y la motivación, el psicólogo Abraham Maslow dijo que, si no disponemos de un refugio, alimento, vestimenta y reproducción adecuados, buscamos esas cosas. Se llama supervivencia. Sé cómo es tener poca ropa, vivir en la calle y gorronear comida. Viví así cuando era adolescente.

Si obtienes esas necesidades básicas de supervivencia, pasas a otro nivel llamado seguridad. Una vez que has satisfecho tus necesidades básicas, las proteges y no quieres que nadie te las quite. Se trata de territorialidad. Si consigues alimento, quieres asegurarte de que nadie se lo lleve. Si consigues sexo, quieres asegurarte de que nadie te quite a la persona que te lo está proporcionando.

Una vez que has estabilizado la seguridad, pasas a la socialización. Te pavoneas frente a tus iguales: «Mira lo que tengo. Mira el trofeo que he conseguido. Mira la casa que me voy a comprar».

El siguiente nivel es la autoestima. El último es el desarrollo personal o la autorrealización, a través de los cuales te das cuenta de que todos a tu alrededor son un reflejo de ti. No estamos aquí para estar por encima o por debajo de otras personas, sino que estamos aquí para serles de utilidad y ayudarles a hacer realidad su vida tanto como la nuestra. Aquí es donde reinan la ecuanimidad y la igualdad.

Aquello que se perciba como lo más ausente en tu vida puede entonces percibirse como lo más importante. Si pensamos que no tenemos suficiente dinero, podemos buscar dinero. Si pensamos que no disponemos de un refugio, podemos buscar una casa. Como resultado de ello, nuestros valores se basan en lo que todavía no se ha satisfecho perceptualmente.

Según otra perspectiva, hay seis tipos distintos de valores:

1. Si tenemos un vacío, queremos llenarlo.
2. Si tenemos una pregunta, queremos responderla.
3. Si tenemos un misterio, queremos resolverlo.
4. Si tenemos un problema, queremos buscar una solución.
5. Si tenemos algo desconocido, queremos conocerlo.
6. Si vemos caos, queremos encontrar orden o aportárselo.

Estamos intentando, constantemente, encontrarle sentido al mundo. Asignamos un valor que tiene sentido a cualquier cosa que no tenga sentido.

Hay dos aspectos de la axiología: la valía de los demás y la autoestima (valía propia). Si puedo satisfacer tus necesidades, responder a tus preguntas, resolver tus problemas y misterios y ayudarte a abordar tus retos, tengo valía para ti, soy valioso para ti. Si puedo resolver mis propios problemas, responder a mis preguntas y misterios, y llenar mis propios vacíos, tengo autoestima.

Si dispongo de otra valía, tengo una fuente de ingresos. Si tengo autoestima, conservaré parte de esos ingresos. Si no tengo autoestima, pero tengo alguna otra valía, generaré dinero, pero lo gastaré o se lo daré a la gente en lugar de conservarlo. Si tengo una gran autoestima, pero ninguna otra valía, no generaré ingresos, pero independientemente de lo que consiga, lo guardaré. Si tengo autoestima y otra valía mediante una conciencia reflexiva, haré ambas cosas: serviré a la gente, obtendré unos ingresos y conservaré una parte de ellos.

El verdadero significado de los valores

Riqueza significa *bienestar, ser completo*, porque ahora eres completo. Eso es a lo que me refiero por valores. Los valores no se limitan necesariamente a la moral y la ética más clásicas: estos contratos sociales e ideales frecuentemente hipócritas son subproductos de los valores en lugar de valores como tal. Tenderás a abrirte a cualquier cosa que respalde tus valores y lo etiquetarás como bueno. Si algo desafía a tus valores, tenderás a cerrarte a ello y a etiquetarlo como malo.

Los valores puede que no tengan tanto que ver con lo que la mayoría de la gente cree. Si le preguntas a la gente: «¿Cuáles son tus valores?», te dirán cosas como la integridad, la verdad y la honestidad, pero cuando nos fijamos en sus verdaderas manifestaciones en la vida, no es exactamente lo mismo. Si te fijas en a qué dedican su tiempo y energía, y en los otros once determinantes del valor proporcionados anteriormente (*véase «Matrimonio: Contrarios complementarios»*), no todo consiste exactamente en la honestidad o la integridad, siendo estas dos cosas idealismos sociales y, en muchos casos, hipocresías morales.

Los valores tienen que ver con aquello a lo que dedicas, espontáneamente, tu tiempo, energía y dinero. Mis valores superiores son averiguar las leyes del comportamiento humano y la enseñanza. Así es cómo empleo mi tiempo, energía y dinero. Así es como lleno mi espacio. Eso es con lo que soy disciplinado. Eso es en lo que pienso, en lo que me concentro, lo que visualizo; lo que significa que tengo un gran vacío: tengo un gran desconocimiento ahí fuera que quiero comprender y resolver en mi campo. Me siento como un niño en una tienda de dulces. Hay muchas cosas que no sé y que quiero saber. Si no tuviese ese vacío, no tendría ese valor.

La autenticidad y la vulnerabilidad

A veces me preguntan cómo encontrar el equilibrio amoroso entre el enamoramiento loco y el resentimiento. ¿Cómo puedes abrirte y ser auténtico con alguien que te preocupa?

No estamos aquí para poner a la gente en pedestales ni hundirla en pozos. No estamos aquí para ser demasiado humildes para admitir que lo que vemos en ellos está en nuestro interior, o para ser demasiado orgullosos para admitir que lo que vemos dentro de nosotros está dentro de ellos. Estamos aquí para tener conciencia reflexiva y abrirnos a los demás y a nosotros al mismo tiempo: para darnos cuenta de la magnificencia y la plenitud de ambos.

En la Experiencia Descubrimiento, tengo un ejercicio: tomamos las características, acciones o inacciones concretas que más admiramos o despreciamos en otra persona; entonces hacemos introspección, reflexionamos y averiguamos en qué lugares poseemos esas mismas características, acciones o inacciones en nosotros mismos. Si admiramos un comportamiento, encontramos su desventaja. Equilibramos las cosas. Miramos honestamente en nuestro interior, y con lo que sea que hayan hecho, averiguamos dónde lo hemos hecho nosotros y a quién se lo hemos hecho: en el mismo grado, cuantitativa y cualitativamente. Si somos demasiado orgullosos o estamos demasiado avergonzados de lo que hemos hecho, lo neutralizamos encontrando los inconvenientes o los beneficios para aquéllos a quienes se lo hemos mostrado.

Entonces nos fijamos en cuándo alguien te ha hecho algo, preguntado quién te ha hecho lo mismo y lo contrario simultáneamente para mantener el equilibrio. Eso te vuelve consciente de un orden superior o de una inteligencia inherente en el universo de la que quizás no hayas sido consciente antes. Algunos teólogos lo han llamado Dios; otros lo han llamado el gran campo organizado, el orden implicado, sincronicidad, la fuerza igual y opuesta, la ley de incremento erístico, la matriz, o como sea que quieras llamarla. En cualquier caso, hay un campo en la vida que mantiene a los organismos biológicos evolucionando y creciendo al máximo, al límite del respaldo y el desafío.

Hace algunos años, escribí un par de tomos titulados *Mysteries of the living cell* sobre el origen de la vida y de las células y cómo podían haberse originado en el planeta. Cuando estaba estudiando esa materia, me quedé anonadado por la magnífica e intricada inteligencia que dirigía a la célula. No hay forma de que puedas estudiar eso sin sentir humildad.

En una ocasión hablé de esto con el físico teórico, matemático y biólogo estadounidense Freeman J. Dyson en el Instituto de Estudios Avanzados de Princeton. Reconoció que hay, potencialmente, campos de inteligencia en cada escala del universo: hasta ahora no hay forma de explicar, por completo, los eventos que se dan en el interior de una célula mediante la termodinámica aleatoria. Sería buena idea que sintiéramos humildad ante la inteligencia no antropomórfica que está, potencialmente, dirigiendo el sistema. Si tomásemos a todos los ganadores del Premio Nobel del mundo, les juntáramos y creáramos una supermente, seguirían sin ser capaces de averiguar cómo funciona un organismo unicelular; y pese a ello, hace 4200 millones de años, incluso antes de la evolución de los llamados seres humanos, la célula estaba funcionando perfectamente.

Es interesante cómo los arqueólogos pueden encontrar un trozo de pedernal mal acabado de hace 2,3 millones de años enterrado en sedimentos y describirlo como una señal de inteligencia primitiva, y luego cambiar y afirmar que una célula, que es enormemente más compleja, no es una señal de inteligencia.

Capítulo 4

La importancia de la epigenética

El profesor Conrad Waddington es reconocido por haber acuñado el término «epigenética» alrededor de 1942. *Epi-* significa «sobre», «encima de» o «fuera de». La epigenética se ocupa de cómo el código genético se ve influido por cosas externas que quedan por encima, sobre o están alrededor de los genes, incluyendo lo que activa y desactiva la expresión de los genes.

La epigenética es una de las fronteras más importantes en el campo de la salud en la actualidad, y tiene una pertinencia extrema para nuestra vida y resiliencia.

Al principio, los científicos pensaban que la genética era estable: los genes se transmitían mitóticamente (es decir, mediante la simple división celular) a las siguientes células hijas, etc. Sin embargo, se preguntaron: «¿Qué hace que las células se diferencien?». Después de todo, si las células hijas son, aparentemente, iguales, genéticamente a las células de las que proceden, algo a parte de los genes parece estar provocando que cambie su silueta, su forma y sus actividades. Pese a que tengamos el mismo genotipo, obviamente tenemos distintos fenotipos, no sólo en nuestra individualidad, sino también en la morfología de nuestras células. ¿Qué es el responsable de esto?

Para explicar este fenómeno, los teóricos tuvieron que dar con algo que fuera más allá de la simple reproducción celular. En la década de 1940, nuevos descubrimientos permitieron a la ciencia fijarse en lo que podría estar influyendo en la expresión genética.

Desde el principio

Empecemos por donde nosotros mismos empezamos como cuerpos físicos. La reproducción se da cuando dos células sexuales, llamadas gametos (el espermatozoide y el óvulo) se unen. Estas células se producen mediante la meiosis: es decir, cada una de ellas ha dividido sus dos conjuntos de genes en uno, permitiéndoles fusionarse. Cando lo hacen, dan lugar a un cigoto. Este cigoto es diploide, como lo son las células de todas las formas de vida que se reproducen sexualmente (excepto por el espermatozoide y el óvulo, que son haploides: sólo tienen un único conjunto de genes, procedentes del padre y de la madre, respectivamente). El cigoto se divide y da lugar a células hijas mediante la división mitótica, duplicando el código genético de la célula madre.

Estas dos primeras células son similares al cigoto. Se dividen de nuevo y dan lugar a una formación tetraédrica que contiene cuatro células. Estas células, a su vez, se duplican para dar lugar a ocho células, cuya división da lugar a un grupo de células que se siguen desarrollando para producir primero una mórula y luego una blástula. Estas células se dividen para generar un blastocele, que da lugar a una gástrula.

En la fase de gástrula (una semana o dos después de la concepción), hay ciertos cambios que ya son evidentes. Llegados a este punto, los tipos de célula están empezando a diferenciarse notablemente. La diferenciación da lugar a distintos tipos de células a partir de uno. Empiezas a ver algo que será el sistema nervioso, la piel, los músculos y los vasos sanguíneos.

La gástrula empieza a diferenciarse todavía más en forma de las capas germinales o embrionarias: el ectodermo, el mesodermo y el endodermo. El endodermo se desarrollará para dar lugar a los órganos internos (intestinos, estómago e hígado).

Al principio de este desarrollo, la célula inicial (el cigoto) recibe el nombre de *totipotencial*. Eso significa que tiene el potencial total de dar lugar a todo el organismo vivo, con sus 200-220 tipos distintos de células.

Al mismo tiempo, el ectodermo empieza a desarrollar la notocorda y el sistema nervioso. Hacia la tercera semana ya se está empezando a formar un sistema nervioso. Hacia entre la segunda y la tercera semana, el sistema cardiovascular y el corazón ya se están diferenciando. Llegados a este punto, la célula es ahora *pluripotencial,* lo que significa que sigue teniendo muchas opciones, pero no todas. Cada una de esas células se convierte en monopotencial: aquello en lo que nos convertimos en y tras el nacimiento, cuando las células están completamente diferenciadas. Ahora son únicas y están especializadas. Ahora disponemos de células para todas las funciones de nuestro organismo.

La célula inicial es una célula madre: una célula con ramas, que empieza a diferenciarse a cada paso. A medida que esto sucede, y porque los genes son los mismos y relativamente constantes, el genotipo es bastante constante.

¿Qué hace que la célula se diferencie? La célula progenitora y las dos células hijas intercambian señales entre sí. Se trata de interacciones fotónicas, lo que significa que se usan partículas de luz para comunicar información: interacciones celulares basadas en la luz.

Las células también intercambian partículas subatómicas, que son interacciones celulares cargadas positiva y negativamente (basadas en positrones y electrones). Entonces, ciertos átomos se intercambian, como calcio, zinc, magnesio y cobre, provocando que la célula hija modifique su función ligeramente: se trata de interacciones celulares basadas en cationes y aniones. A medida que la célula se diferencia más, produce transmisores aminoacídicos y moléculas señal, que también son llamados, inicialmente, *morfógenos,* porque están modificando la morfología o forma de la célula. También se las llama *señales.* En cualquier caso, cuando una célula empieza a dividirse y diferenciarse, activa un conjunto singular de respuestas y nuevas señales de comunicación con la siguiente célula.

Inicialmente, la primera célula interactúa consigo misma (a esto se le llama función autocrina). A continuación, interactúa con células adyacentes (esto recibe el nombre de función o interacción yuxtacrina). A medida que este proceso se vuelve más complejo y se extiende a células más lejanas, pero que todavía están cerca, se le llama *función paracrina. Para* significa «cerca». Esto quiere decir que hay una conexión cerca de la célula. Además, hay uniones y fibras que mantienen estas células juntas. Envían señales a través de la pared celular, transmitiendo información entre células.

A medida que las células se diferencian, dan lugar muchos tipos de interacciones que antaño no podíamos ver ni siquiera con un microscopio. Ahora nos hemos vuelto tan sofisticados con los microscopios electrónicos y tecnologías similares que podemos mapear este proceso. Cada día incrementamos nuestra comprensión de él. Es impresionante, pero sigue suponiendo, en cierta medida, un misterio.

Los morfógenos más primitivos son energías cargadas positiva y negativamente que están almacenadas en partículas subatómicas. Peter Mitchell, que estuvo implicado en el trabajo ganador del Premio Nobel de 1978 sobre energética celular y ionóforos, exploró las cargas positivas y negativas entrando en y saliendo de las paredes celulares que eran responsables de la energía celular en forma de ATP. Más adelante se descubrió que las partículas subatómicas y los átomos también lo hacían. Algo más adelante se descubrió que había aminoácidos (se trata de combinaciones de elementos como el nitrógeno, el hidrógeno y el carbono) concretos que lo estaban haciendo. Construir tejidos implica algún tipo de sistema de comunicación que funciona no sólo en la cercanía inmediata, sino remotamente. Así pues, el sistema nervioso, que funciona tanto eléctrica como químicamente, surge como una forma esencial de transmitir estas pequeñas señales a distintas partes del cuerpo.

He mantenido diálogos con William Tiller, de la Universidad de Stanford, que ha estudiado las energías sutiles. Averiguamos que estos morfógenos activan receptores en la pared celular. Éstos están formados, principalmente, por azúcares y proteínas, que, al ser activados, cambian su forma. Esto abre entonces una verja para que los sistemas cargados positiva y negativamente señalen una serie de cambios en cascada en las enzimas.

También podría mencionar el trabajo del biólogo Rupert Sheldrake, que ha argumentado que hay campos alrededor del cuerpo que influyen en estas enzimas y que él llamó *campos morfogénicos*. Creía que estos campos han añadido un componente vitalista a este proceso, además de uno electroquímico. Así mismo, las células no sólo pueden transmitir microcampos de milivoltios de vida, sino que los campos también pueden modificar la forma de la vida celular sencilla y de la vida multicelular más compleja. Ciertos experimentos usaron campos para modificar la morfología, y fueron, evidentemente, capaces de conseguirlo. Es decir: sabemos que los campos pueden modificar los genes y la epigenética.

El universo inteligente

Consecuentemente, no podemos descartar la posibilidad de que haya un campo más sutil de inteligencia que dirija la vida, pese a que la ciencia se sigue fijando en estos procesos a través de un modelo mecánico y materialista. Los científicos pueden reconocer una teoría del campo cuántico con la excitación del campo poniéndose de manifiesto en forma de partículas u ondas cargadas positiva y negativamente y sus antipartículas u ondas que están sincrónicamente equilibradas e involucradas. Posiblemente, al nivel más sutil de las unidades de la escala de Planck, haya una teoría del campo de inteligencia con excitaciones del campo poniéndose de manifiesto en forma de recuerdos emocionales cargados positiva y negativamente y sus memorias antiemocionales o imaginaciones que están sincrónicamente equilibradas e involucradas.

Pronto dispondremos del primer ordenador atómico, en el que cúbits, espintrónica e incluso una electrónica más avanzada pueda almacenar información en electrones girando en el interior de átomos. A medida que lo hacemos, podemos darnos cuenta de que hay una base de información ya existente, y que estamos entrando en contacto con ella tecnológicamente.

Esto suena casi metafísico, pero Leonard Susskind, que es un astrofísico respetado por su trabajo en derivados de la teoría de cuerdas, ha sugerido que cuando la información que está absorbida en las estrellas va a un agujero negro, esa información no se pierde, sino que se almacena en la garganta o las paredes del agujero en una rejilla bidimensional. Más adelante, esta información se pone de manifiesto en tres dimensiones a medida que el agujero negro da lugar a otro sistema como estrellas o incluso toda una galaxia. Eso significa que la información puede que sea parte de la base del universo, y puede que estemos haciéndola aumentar, pero puede que también estemos dirigidos por ella. Puede que estemos viviendo en un universo holográfico participativo.

Esto se parece al debate sobre si las matemáticas son un mecanismo conceptual que hemos creado para lidiar con el caos o si, de hecho, son una parte de la naturaleza. Tiendo a creer que es ambas cosas: hay matemáticas inherentes en el universo, pero también hacemos descubrimientos que, finalmente, se aproximan a la verdad matemática inherente y elegante. Puede que también tengamos unas matemáticas teóricas que no parezcan ser, inicialmente, confirmables o relevantes, pero que después acaban descubriéndose como algo muy relevante.

Creo que lo mismo se aplica en el caso de la inteligencia. Pienso que estamos incrementando la inteligencia, pero que posiblemente también vamos a descubrir una inteligencia ordenadora más fundamental o subyacente rigiendo las leyes del universo. Puede que al principio esto parezca teleológico y vitalista, pero esta inteligencia, que parece estar conservada simétricamente y es indestructible, puede simplemente adquirir la forma de un conocimiento matemático que algún día desplegaremos y descifraremos. Hay cada vez más pruebas de que esta conciencia está emergiendo y desarrollándose.

La organogénesis

Regresemos a la ontogenia, el desarrollo del organismo, o cuando los órganos empiezan a aparecer. Pasamos de células a tejidos y a la organogénesis, que es la generación de los órganos. Los órganos forman sistemas, y los sistemas constituyen el cuerpo. Algunos órganos empiezan a desarrollarse pronto y su desarrollo finaliza pronto, y otros empiezan a desarrollarse precozmente y acaban su desarrollo tarde, y otros empiezan tarde y acaban al poco tiempo. Hay otros que empiezan tarde y acaban tarde, y algunos completan su desarrollo después del nacimiento.

Durante este proceso de la organogénesis, digamos que padeces una anomalía congénita. Hay distintos tipos de anomalías congénitas. Algunas personas pueden tener un riñón en herradura, y otras pueden tener una vértebra en forma de «C» en las cervicales. Normalmente, cuando padeces una anomalía, sufres otras, porque independientemente de lo que provocara la alteración genética en una cierta fase de la organogénesis (como una toxina sistémica, un teratógeno o una emoción traumática) suele afectar a órganos que se están formando al mismo tiempo. Por lo tanto, podríamos tener una aceleración o un retraso en cualquier etapa del proceso de desarrollo de los órganos.

Una ameba (un organismo unicelular) selecciona, fagocita y absorbe alimento y elimina desechos. Busca y evita. Dispone de la endocitosis para ingerir alimento y de la exocitosis para eliminar los desechos. Así pues, algunos biólogos creen que posee una inteligencia celular: busca cosas valiosas para ella y evita las cosas que no lo son. Tiene un impulso de supervivencia para obtener alimento tonificante y un instinto de protegerse de los residuos tóxicos. Por lo tanto, posee una forma primitiva de inteligencia celular.

Si la inteligencia celular se da en un organismo unicelular, entonces también puede haber inteligencia celular en cada etapa de la diferenciación. Creo que la hay; que hay, realmente, inteligencias colectivas a medida que surgen las células. Creo que también hay, en un cierto sentido, una inteligencia tisular debatible.

La ciencia actual suele tener un enfoque mecánico y reduccionista en lugar de uno más holístico, vitalista o emergente. Como no tenemos tanta interacción interdisciplinaria como resultaría ideal, a veces entramos en un pensamiento parcial en lugar de en uno holístico. En cambio, el pensamiento lateral de un enfoque integrador conduce a innovaciones en estos campos.

Empezamos con una única célula (con una comunicación de señales autocrina, o en la misma célula), luego desarrollamos células que están muy cerca las unas de las otras (con una comunicación de señales yuxtacrina y paracrina). Se influyen las unas a las otras en espacios y tiempos pequeños. A medida que se diferencian, implementan sistemas para gestionar las complejidades y aportar orden y organización a espacios y tiempos mayores. El sistema nervioso, el sistema endocrino (con una comunicación de señales celulares más lejana) y el sistema circulatorio están diseñados para dar cabida a mayores espacios y tiempos en el interior del cuerpo.

De forma similar, a medida que evolucionamos y vivimos teleológicamente, o más intencionadamente, y a medida que hacemos que nuestra vida dé frutos, seguimos expandiendo nuestros horizontes de espacio y de tiempo para incluir a todo nuestro ser, nuestra familia, nuestra comunidad, nuestra ciudad, nuestra región, nuestra nación, nuestro mundo y el espacio. La magnitud del espacio y el tiempo dentro de nuestro pensamiento más íntimo dominante determina nuestro nivel de evolución consciente.

La gratificación inmediata y los horizontes de espacio y tiempo reducidos revierten nuestro desarrollo fisiológico y psicológico y reducen nuestra inteligencia y organización de orden superior, que son esenciales para dirigir nuestro organismo, dando como resultado una degeneración y nuestras enfermedades y trastornos fisiológicos y psicológicos. Ésa es la razón por la cual vivir de acuerdo con unas prioridades más elevadas incrementa nuestro eustrés (estrés saludable) y nuestro cociente de bienestar.

En su libro *Requisite organization*, Elliott Jaques mostraba que, en las corporaciones, la persona que puede gestionar los mayores dominios de espacio y tiempo tiene el mayor poder. La gratificación inmediata te cuesta la vida, mientras que la visión a largo plazo da sus frutos en términos de economía, gestión o relaciones y, por supuesto, bienestar. Si vives día a día en una relación, eso es distinto que si tienes una visión a largo plazo que se esté desplazando hacia un objetivo importante y con un propósito. La clave consiste en perseguir y planear una misión a largo plazo mientras estás presente con las acciones de la mayor prioridad en el momento dentro del plan.

La neuroplasticidad

La neuroplasticidad es la evolución y remodelación constante del cerebro. Cuando empecé a estudiar Neurología en la segunda mitad de la década de 1970, la parte de la neurogénesis dentro de la neuroplasticidad no se creía que se estuviese dando frecuentemente. Se pensaba que había un momento crítico en el desarrollo en el que la génesis celular básicamente se detenía en el cerebro. Entonces, los científicos empezaron a encontrar células que estaban experimentando autogénesis y divisiones mitóticas, formando nervios neurogénicamente. Ahora están viendo que estos procesos se dan por todo el cerebro.

Cuando la gente se implica activamente y usa su cerebro intencionadamente, sigue haciendo que sus nervios crezcan. En una época, eso no se enseñaba ni se creía que fuera cierto. Se consideraba que la gente estaba desinformada por siquiera creer algo así. Ahora las pruebas son tan claras que no hay duda de que tenemos la capacidad de hacer crecer nuestro cerebro de la misma forma en la que podemos hacer crecer nuestros músculos. Esto es magnífico.

Ahora vamos a fijarnos en el porqué y el cómo. El cerebro está formado por una serie de distintos tipos de nervios y otras células. Ya he mencionado a las células de la glía (células gliales), que constituyen el armazón (podrías decir la plantilla) alrededor del cual las neuronas desarrollan su vida. *Glial* significa «pegamento neuronal». Su función básica consiste en aportar nutrición a los nervios, en estimularlos para que se dupliquen, podarlos, comérselos si están muertos, repararlos y ayudar a sus sinapsis a fortalecerse.

Hay diversas células de la glía. La mayoría de ellas, como los nervios, se originan, embriológicamente, a partir del neuroblasto, pero algunas de ellas proceden del tejido mesenquimatoso (fuentes vasculares) y están implicadas en la remodelación del cerebro.

Hay un tipo de célula llamado oligodendrocito, porque tiene pequeñas ramas que hacen que parezca un árbol. Cuando usas el cerebro, las neuronas y su vaina de mielina crecen. Cuando no lo haces, ambos son fagocitados. Los oligodendrocitos aportan nutrición y mielina a las células nerviosas, pero otros tipos de células de la glía, como los astrocitos y las microglías, también podan la mielina que hay alrededor de las células que deben desaparecer.

También tenemos las consumidoras de microglía y las defensoras de la microglía, que son células especializadas que proceden de regiones de la vasculatura. También hay células satélite, células radiales, células ependimarias y células de Schwann: una variedad de células que están ahora clasificadas como células de la glía.

A lo largo de la última década, las células de la glía se han comprendido más minuciosamente y, como consecuencia de ello, se ha reconocido que tienen más importancia. Ahora se las considera sistemas receptores y transmisores de campos, y responden a tu atención y tu intención, que están, ambas, dirigidas por tus valores superiores. Tienen muchas funciones. Pueden tener un impacto sobre los nervios que las rodean y sobre los campos electromagnéticos que las acompañan.

Los investigadores han encontrado algo realmente sorprendente. Las células de la glía afectan tanto a las células sensoriales como a las motoras, de entrada y de salida, en el cerebro. Aquí es donde entra el sistema de valores: las células de la glía responden a tu jerarquía de valores. Sabemos que una ameba rehará su estructura a nivel subcelular para satisfacer su objetivo de supervivencia. De forma similar, los seres humanos remodelarán sus tejidos y sistemas con un sistema homeostático de *feedback* en mente para satisfacer su misión al máximo: su valor superior. Tu cerebro o sistema nervioso es un órgano que busca el valor más elevado. Hace todo lo que puede para ayudarte a satisfacer lo que es más importante para ti, basándose en lo que percibes que más falta y es más importante. Potenciará y podará el sistema nervioso con ese fin.

Tu jerarquía de valores dicta tu destino: cómo ves el mundo, tomas decisiones en el mundo y actúas con respecto al mundo. Tienes una atención selectiva sesgada hacia aquello que se encuentre más arriba en tu jerarquía de valores. Llamo a eso OEA: *orden de exceso de atención.* Estamos muy atentos (hay un exceso de atención) y llevamos orden a nuestra conciencia hacia aquello que ocupa una posición superior en nuestros valores. Una madre no sólo tendrá una atención selectiva sesgada, sino que tendrá una *intención* selectiva sesgada. Moverá sus músculos para conseguir las cosas que beneficien a sus hijos. Incluso tiene una *retención* selectivamente sesgada. Principalmente recordará cosas que la van a ayudar a satisfacer sus valores más elevados. Si hablas con ella sobre su hijo, probablemente recordará todo lo importante para ella sobre él.

Cuando conoces a ciertas personas que son valiosas para ti, repetirás sus nombres, los anotarás y te asegurarás de no olvidarlos, pero si conoces a alguien que tiene cero importancia para ti, olvidarás su nombre antes de que haya acabado de decirlo. En áreas de un valor bajo, tenemos un desorden de déficit de atención, además de un desorden de déficit de *intención* y un trastorno de déficit de *retención*. Vacilamos y procrastinamos. No es importante para nosotros. No queremos que nuestra memoria almacene información que no pensamos que vaya a sernos útil.

Tus sistemas de memoria e imaginación se seleccionan de acuerdo con la jerarquía de tus valores. Determinan qué te encanta leer, qué quieres aprender, qué quieres absorber, qué quieres asimilar, qué permites que entre en ti y con respecto a qué cosas actúas.

Cuando vives congruentemente de acuerdo con tus valores superiores, tus células de la glía te ayudan mielinizando las células nerviosas esenciales que, de hecho, satisfacen tus valores superiores. En el caso de cualquier cosa que percibas que es inútil para satisfacer tus valores más elevados, desmielinizarán, podarán y fagocitarán. Reestructuran neuroplásticamente tu cerebro para asegurarse de que hagas realidad lo que es más importante para ti. Te ayudan a volverte resiliente.

Miedo a perder y miedo a ganar

Aquí tenemos dos mecanismos principales que evitan que nos adaptemos: el miedo a la pérdida de lo que está respaldando nuestra jerarquía de valores y el miedo a ganar aquello que desafía a nuestra jerarquía de valores. Permíteme profundizar en eso y ligar estos dos temas.

¿Estarías de acuerdo en que en tus percepciones algunas personas te apoyan y otras te desafían en tu vida? Cuando alguien respalda tu conjunto de valores, piensas que ese individuo es como si fuera una presa, o alguien a quien buscar y a quien abrirse. Cuando alguien reta tu sistema de valores, piensas en ese individuo como si fuera un depredador, o alguien a quien evitar y frente al que cerrarse. Buscas presas para comértelas, te ayudan a crecer y, por lo tanto, son anabólicas. Evitas a los depredadores para no ser comido, ya que pueden destruirte y, por lo tanto, son catabólicos.

Ya he hablado de los sistemas nerviosos parasimpático y simpático, que controlan tu fisiología interna. Siempre que veas más respaldo que desafío, tus músculos estriados externos se relajan y el suministro de sangre y nutrientes va hacia los órganos digestivos internos. Digieres alimento y entras en actividades anabólicas.

En cuanto algo te reta, desplazas tu sangre fuera de los órganos digestivos internos y hacia la periferia para protegerte con el objetivo de defenderte. Es como una ciudad antigua con un muro a su alrededor.

Si estamos a salvo y relajados, la gente festeja, come y se da festines en el centro de la ciudad, pero, si de repente, alguien los desafía o los ataca, corren hacia los muros para proteger su ciudad.

Este proceso también se aplica a nivel celular. Tienes el núcleo y la pared celular periférica (o plasmalema o membrana plasmática). Cuando tus valores se ven retados, los nutrientes se encauzan hacia fuera, para proteger el muro. Cuando te sientes respaldado y te relajas, los nutrientes van hacia el núcleo y los genes, provocando la mitosis, el crecimiento y las actividades anabólicas. Uno consiste en deterioro y descomposición y el otro en crecimiento y desarrollo.

Tal y como he mencionado, el sistema nervioso parasimpático está principalmente activo de noche, cuando reposas y te relajas. El sistema nervioso simpático está principalmente activo durante el día, cuando frecuentemente te encuentras en modo de lucha o huida porque estás enfrentándote a los desafíos del día. Un proceso provoca divisiones mitóticas, crecimiento, reducción y duplicación, y el otro genera apoptosis: muerte celular, oxidación y destrucción.

Si estos procesos están en perfecto equilibrio tienes bienestar. Si están desequilibrados, tienes enfermedad. El modo parasimpático se basa en los estrógenos: relajación y desarrollo. El modo simpático de basa en la testosterona: asumir retos y ser agresivo.

Si persigues hacer realidad tu valor superior, o *telos,* todo tu sistema nervioso se volverá más objetivo y equilibrado, y abrazará el dolor y el placer, el respaldo y el desafío, equitativa y resilientemente, lo que conducirá al bienestar. Si intentas vivir de acuerdo con tus valores inferiores porque estás buscando placer, sufres un desequilibrio. Estás buscando lo que es inalcanzable e intentando evitar lo que es inevitable. Cuanto más buscas el consumo inmediato, atraes al depredador para que se aproveche de ti para mantener la ecuación equilibrada.

Vayamos un paso más allá y tomemos a una célula individual. Dentro de su núcleo está contenido el ADN, y alrededor del ADN hay histonas, que son pequeñas porciones de proteína. Los dos, juntos, constituyen la cromatina.

El sistema nervioso parasimpático lidia, principalmente, con la acetilcolina. El sistema nervioso simpático se ocupa de la epinefrina, la norepinefrina y sustancias similares, que derivan del aminoácido tirosina. Se trata de dos tipos principales de neurotransmisores: los colinérgicos y los adrenérgicos.

Cuando percibes más respaldo que reto, obtienes un conjunto de neurotransmisores. Cuando percibes más desafío que apoyo, consigues otro conjunto. Van a las ubicaciones concretas dentro del líquido extracelular y se adhieren a la pared celular, y activan receptores basados en ligandos que abren pequeñas puertas y activan el guanosín monofosfato cíclico, o GMP cíclico; o el adenosín monofosfato cíclico, o AMP cíclico.

Esto abre una verja, que permite que entre cierta información. Tal y como he dicho, la pared celular es activada o desactivada por pequeñas partículas cargadas, que parecen entrar y salir de la pared celular. Eso activa una serie de enzimas: la quinasa o la fosfatasa. La quinasa añade fosfato. La fosfatasa elimina fosfato. El fósforo es una moneda de energía. Activa cosas.

Los detalles de estos intercambios son extremadamente complejos, pero, en esencia, se da el mismo proceso en la célula que el que vemos en el sistema del organismo en su conjunto. Se está encendiendo y apagando. Está facilitando e inhibiendo. Uno está orientado al crecimiento (es anabólico) y el otro está orientado a la descomposición (es catabólico).

Cuando vivimos de acuerdo con nuestros valores superiores, disponemos de la mayor adaptabilidad o resiliencia, porque poseemos un equilibrio de ambos lados. Podemos abrazar el apoyo y el desafío por igual. Cuando intentamos vivir de acuerdo con unos valores inferiores, habiendo nublado nuestro propio *telos,* nos sentimos insatisfechos. Buscamos una gratificación inmediata (consumismo, apaños rápidos). Nos volvemos reactivos en lugar de activos. Perdemos nuestra inspiración y vivimos una vida tranquila de desesperanza, y nuestro sistema nervioso autónomo queda dominado por el polo parasimpático o el simpático, lo que da como resultado síntomas para hacérnoslo saber.

En resumen, vivir (o no vivir) de acuerdo con nuestro *telos,* con nuestros valores superiores, afecta a nuestra autonomía, a nuestra epigenética y a nuestra neuroplasticidad, lo que altera nuestra función mental, lo que da lugar, en algunos casos, a esquizofrenia, depresión e incluso episodios epilépticos. Los trastornos autoinmunes están descontrolándose cada vez más. Se trata de respuestas inmunitarias autogeneradas, que son resultado de estos efectos autónomos y epigenéticos desequilibrados.

Identificando las cargas emocionales

Tenemos lo que se llama ratio de percepción. A veces alguien te reta, pero eso no es suficiente para provocar una reacción. En otras ocasiones dice algo que te irrita. Otras veces dice alguna cosa que te carga, y estás listo para combatir con él.

En la Experiencia Descubrimiento, le pedimos a la gente que identifique a alguien con quien tenga alguna carga emocional: ya se trate de alguien a quien desprecien profundamente o admiren enormemente. Entonces les pedimos que anoten todo en lo que puedan pensar sobre esa persona y lo que perciben que es negativo, lo que desafía sus valores, y todo lo que se les pueda ocurrir que perciban que es positivo, que respalde sus valores.

Cuando percibe que la persona es desafiante, se vuelve más resiliente cuando puede, simultáneamente, percibir las ventajas alentadoras que la acompañan que neutralicen su percepción. Sin embargo, no olvides que la resiliencia también se encuentra en el lado respaldado. Si estás locamente enamorado de alguien, lo rápidamente que puedas volverte consciente de las desventajas simultáneas y desafiantes que la acompañan determina lo rápidamente que podrás liberarte para volver a ser auténtico. Si estás resentido con alguien y te vuelves demasiado orgulloso por poseer, en tu interior, lo que percibías en la otra persona y te vanaglorias, ¿con qué rapidez podrás calmarte para regresar a la autenticidad? Tu resiliencia viene determinada por la velocidad a la que puedes ver ambos lados de un problema, de una persona, que percibes inicialmente como bueno o malo.

Si los participantes están muy resentidos con la persona escogida, estarán ciegos frente las ventajas y puede que, fácilmente, anoten muchas más cosas negativas que positivas. ¿Qué sucede si esa persona entra en la habitación? ¿Qué lado se activa? El lado simpático, de la lucha o huida. Nos creemos moralmente superiores y la cortamos. Proyectamos un lenguaje imperativo sobre ella: «Deberías hacer esto. Deberías hacer eso».

Sin embargo, si llega alguien que percibimos que respalda nuestros valores, podemos enamorarnos locamente. Percibimos más cosas positivas que negativas y estamos ciegos frente a las desventajas.

Cuando estás locamente enamorado o resentido con respecto a estas personas, estás ciego frente a una porción o mitad de lo que está sucediendo en realidad. Esa ceguera te somete a angustia. Si estás locamente enamorado, temes la pérdida de la persona, o su ausencia. Si estás resentido, temes las ganancias de esa persona, o su presencia. Siempre que tienes una perspectiva desequilibrada pasas por alto la mitad de lo que hay ahí, y a eso lo llamamos ignorancia.

Nuestra ignorancia se pone de manifiesto cuando estamos sensibles, reactivos, irracionales y quebrados. Cuanto más irracionales y fracturados estemos en nuestras percepciones, más activamos uno de estos efectos epigenéticos para activar o desactivar, encender o apagar, las funciones de nuestras células. La enfermedad es un exceso o deficiencia de la expresión normal de esa célula.

Si conoces a alguien que acaba de apuñalar y violar a tu hijo, probablemente verás más cosas negativas que positivas. Puede que tengas una ratio de negativo versus positivo de siete, o de hasta quince o veinte a uno (ya sea positivo versus negativo o viceversa), y que tu intuición basada en un *feedback* negativo sea incapaz de autorregularse y llevarte de nuevo a un equilibrio homeostático. Entonces quizás requieras de ayuda, como en el caso de la facilitación del Método Demartini para hacer que tus percepciones retornen a su equilibrio.

Sin embargo, mientras la ratio de positivo y negativo se encuentre dentro del siete a uno, puedes devolver tu sistema al equilibrio con la automonitorización. Al final, tus emociones se calmarán. Si tienes una percepción polarizada muy emocional de un enamoramiento loco o un resentimiento extremos, superarás la capacidad de tu intuición para el autogobierno, y entrarás entonces en un trastorno bipolar o en un estado de tipo esquizofrénico disociativo y casi delusivo. Sólo influencias externas, o saber cómo formular las preguntas óptimas estabilizadoras, te permitirán reiniciar el termostato.

Cada uno de los ecosistemas interno y externo implica un equilibrio entre el respaldo y el reto. La epigenética provoca síntomas en tu cuerpo para hacerte saber cuándo no estás percibiendo un equilibrio. En la Experiencia Descubrimiento, le hago a la gente preguntas concretas para revelarle este equilibrio. En el momento en el que esto sucede, transforma su fisiología y psicología. Se dan cambios increíbles en la salud y el bienestar.

Mientras acumulemos recuerdos distorsionados, reproduzcamos esos relatos y nos convirtamos en víctimas de nuestra historia, vamos a generar cambios epigenéticos y retroceder. Si tenemos una ratio superior a siete a uno en un extremo o el otro, generamos unos síntomas de búsqueda o de evitación polarizados autónomamente para hacérnoslo saber. Cuando estamos tan emocionalmente polarizados y angustiados por el miedo a la pérdida o la ganancia, revertimos nuestra fisiología y desdiferenciamos la expresión del gen epigenético con nuestras células, volviendo a respuestas primitivas. Cuando lo hacemos, retrocedemos en algunas de nuestras expresiones genéticas a la fase embrionaria, que iguala a la etapa filogenética de un metazoo, cuando los seres unicelulares empezaron a diferenciarse en organismos multicelulares. A este nivel surgen los cánceres. Se inician cuando reactivamos cajas de herramientas genéticas antiguas y normalmente durmientes.

La causa del cáncer

Los cánceres pueden verse inducidos por polaridades extremadamente angustiantes: experiencias traumáticas en alguna etapa de nuestro proceso de desarrollo. Cualquier cosa que nos recuerde esa experiencia puede seguir activando este proceso. Los investigadores han visto que los oncogenes, o segmentos virales de genes, pueden provocar cáncer, pueden activarse o desactivarse epigenéticamente. Los genes supresores, que pueden apagar la genética del cáncer, también pueden encenderse y apagarse epigenéticamente.

He estudiado este asunto durante cuatro décadas y media. Hay más cosas de las que se han reconocido en el campo de la oncología que influyen en el desarrollo del cáncer. Pese a ello, muy pocas personas del área de los cuidados sanitarios reconocen eso. Esquivan el componente psicológico, porque saben que, en realidad, no pueden gobernar a la gente y que la gente no se gobierna a sí misma, y no pueden vender eso. Sin embargo, la gente puede sufrir estreses emocionales extremos que pueden iniciar rápidamente o promover los cánceres.

Todos tenemos células cancerosas que emergen y se suprimen constantemente en nuestro organismo, pero normalmente se mantienen controladas. Disponemos de un proceso de vigilancia que implica a las células asesinas naturales, que van por aquí y allá localizando y eliminando a las células cancerosas en nuestro organismo de forma regular.

Las células cancerosas sufren de aneuploidía: números desequilibrados de componentes cromosómicos. Sólo una pequeña porción de los genes del genoma está realmente implicada en la transcripción. El resto de ellos solía recibir el nombre de ADN basura. Poco a poco, los científicos descubrieron que el ADN basura no es basura. Está formado por componentes reguladores que se reactivan cuando se ven afectados.

Algunos de ellos reciben el nombre de genes saltarines, ya que pueden cambiar su posición, provocando expresiones similares a las mutaciones genéticas, como las duplicaciones y las deleciones. Algunas de ellas siguen adelante y se transcriben en forma de ARN y proteínas, y luego de vuelta a ADN. Actúan como virus dentro de las células y pueden dar lugar a la activación de oncogenes virales. Nuestras emociones pueden afectar a esos procesos.

Las investigaciones con células madre pueden tomar una célula de la piel y convertirla en una célula cardíaca normal, y viceversa. En una década, este proceso probablemente estará mapeado por completo. Sabremos cómo tomar una célula normal y llevarla de vuelta hasta el cigoto, y podremos diferenciar cualquier célula a partir de cualquier otra célula. Podremos hacer crecer células para reparar tejidos. Podremos tomar una célula cutánea y conseguir un nuevo corazón que no será rechazado.

Cuando nos encontramos en un estado de gratitud y amor, el cerebro anterior obtiene su suministro de sangre y oxígeno. Si no es así y estamos angustiados, el suministro de sangre va hacia la amígdala subcortical y el cerebro posterior. Esto significa que cuando volvemos a una función cerebral más subcortical, podemos iniciar la formación de receptores celulares y moléculas señal más desdiferenciadas o primitivas.

Descubrí esto por primera vez en mi veintena. Estaba leyendo textos de histología, embriología y patología y me di cuenta de que podía verse una sorprendente correlación. En esa época no disponíamos del nivel de datos epigenéticos del que disponemos en la actualidad. Ahora me doy cuenta de que nuestra psicología es inseparable de nuestra fisiología. En el futuro, la medicina estudiará no sólo las células y la epigenética, sino las ratios psicológicas de percepción en el interior de la mente que activan y desactivan estas vías, desvelando nuestro potencial para transformar nuestra propia fisiología y dar lugar a bienestar o enfermedad.

La física cuántica y la psicología

En su libro *Seis piezas fáciles: la física explicada por un genio*, Richard Feynman, ganador del Premio Nobel por su trabajo con la electrodinámica cuántica, dijo que hay dos tipos de partículas: los bosones y los fermiones.

Los bosones son partículas de fuerza o energía: la fuerza gravitatoria, la fuerza electromagnética, la fuerza nuclear débil y la fuerza nuclear fuerte.

Los fermiones son partículas de materia y antimateria: positrones, electrones, quarks. El positrón y el electrón se comunican entre sí a través de un enrevesado juego vía una partícula mensajera (un bosón) llamada fotón.

Un fotón es luz. Carece de espacio, tiempo, masa y carga. Es un sistema de energía, pero puede convertirse en materia y antimateria de forma equivalente de acuerdo con la ecuación de Einstein. Si tomas una partícula de luz y la sitúas en una cámara de niebla, puedes separarla, magnéticamente, en un positrón y un electrón; pero van a jugar a un juego de entrelazamiento entre ellos. Van a parecer estar separados, aunque en realidad no son separables.

Cuando tenía dieciocho años y empecé a estudiar física cuántica, me preguntaba: «¿Hay una conexión metafórica entre la psique humana y la física de partículas?». Varios físicos han debatido o ignorado la posibilidad y en una ocasión incluso dijeron que no la había. Yo te digo que la hay. Lo demuestro en la Experiencia Descubrimiento casi cada semana. Hoy, cincuenta años después, esto no se está ignorando. La biología y la cognición cuánticas están emergiendo.

Cuando posees una percepción cargada positivamente de alguien y crees que respalda tus valores, y cuando tienes a alguien por el que percibes que sientes resentimiento, que está retando tus valores, están socialmente entrelazados. De hecho, son sincrónicos, pero estamos tan subjetivamente sesgados y en ocasiones somos tan ignorantes que no los vemos simultáneamente, porque no se encuentran en la misma ubicación espacial local, y la incertidumbre reina. Puede que alguien nos esté respaldando en el trabajo, y puede que alguien nos esté desafiando en casa. Si te animan en el trabajo, posiblemente te estén fastidiando en casa.

El objetivo de tu cónyuge es hacerte volver al equilibrio. Se trata de fenómenos entrelazados temporal y espacialmente. Con el Método Demartini, en la Experiencia de Descubrimiento he ayudado a miles de personas a volverse conscientes de la sincronicidad de estos dos lados de un evento de tipo macrocuántico.

Siempre que te enamoras locamente de alguien, obtienes un «chute» de dopamina y puedes volverte como un joven dependiente, pero uno no crece bajo la dependencia juvenil. Además, eres ciego con respecto a las desventajas.

Al final vas a girar hacia el otro lado y sentir resentimiento por esa persona e intentar alejarte de ella. Vas a pensar que es mala y cruel, pero en realidad te está ayudando a romper tu enamoramiento loco de ella, que es como una adicción.

Cuando estás locamente enamorado (obsesionado), permites que el impulso animal de la lujuria tome el mando, y el cerebro subcortical y el entérico te gobiernan en lugar de tu cerebro cortical superior, que dice: «Oye, esta persona tiene dos caras. Sería buena idea que conocieses, intuitivamente, ambos lados antes de emparejarte con ella».

Si te emparejas con alguien basándote en el mero impulso gratificante inmediato, acabarás teniendo un instinto de protegerte de él cuando su otra cara opuesta emerja y se dé a conocer. Sin embargo, si moderas la atracción y te aseguras de que tu intuición y tu razón equilibren a la persona, puedes amar ambas caras. Ésa es la razón por la cual en la ceremonia del matrimonio se dice: «En lo bueno y en lo malo, en la riqueza y en la pobreza».

Si no ves las dos caras de la persona, posiblemente estarás perdido en el enamoramiento loco, ciego a los inconvenientes y finalmente chocando de lado con ellos. Activarás síntomas en tu cuerpo para hacerte saber, con el tiempo, que al principio eras impulsivo y después instintivo, hasta que tu intuición pueda hacerte regresar a tu equilibrio sincrónico, diciendo: «Oye, esta persona no es quien tú crees que es». Estás ignorando algunas de las partes más desafiantes debido a tu obsesión, pero al final descubrirás que esa persona no es quien pensabas que era. Entonces, probablemente, sentirás resentimiento hacia ella porque no ha estado a la altura de tu fantasía desbocada.

Ahora tienes síntomas que están intentando hacer que obtengas, intuitivamente, las ventajas. Se trata de un sistema homeostático para intentar que regreses al centro, en el que puedes amar a esa persona y a ti mismo por igual por ambos lados. En cuanto quieres a alguien y ya no estás locamente enamorado de él ni resentido con él, regresas a tu *telos* y te vuelves a amar. Estando al lado de la otra persona cuando puedes hacer lo que deseas, viviendo de acuerdo con tu valor superior, puedes tener una relación satisfactoria.

Una relación implica identificar los valores superiores de la otra persona, además de los tuyos. Pregunta cómo sus valores más altos ayudan a hacer realidad los tuyos. Además, ¿cómo están tus valores más elevados ayudándola a satisfacer los suyos?

Si no puedes responder a estas preguntas, vivirás con unos monólogos alternantes en lugar de con un diálogo importante y respetuoso. Vas a generar un drama debido a la mala comunicación, o vas a generar síntomas y enfermedad para hacerte saber que no estás amando y viviendo siendo fiel a ti mismo. Estás distraído por una ilusión de esa persona y de ti mismo. Tu epigenética te proporcionará *feedback* para hacer que retornes al verdadero amor, en el que abrazarás el respaldo y el reto, o el placer y el dolor juntos en la búsqueda de tu propósito más importante. Es aquí donde maximizas tu resiliencia mental.

El *telos* y la esperanza de vida

Los genes se ven limitados por los telómeros: los extremos de los genes. El extremo del cerebro se llama telencéfalo: el cerebro anterior.

Cuando vives de acuerdo con tu *telos* basado en tu valor superior, activas el telencéfalo y extiendes los telómeros, pero cuando te ves angustiado y aislado y no te ves reflejado en la gente que hay a tu alrededor (tanto como héroe y como villano), acortas los telómeros. Tu sangre va a tu amígdala y tu cerebro posterior con la angustia, y reduces tu esperanza de vida, porque cuanto más retrocedas, más cortos son tus horizontes de espacio y de tiempo, y tus horizontes de espacio y de tiempo tendrán un impacto en lo ampliamente y lo bien que interactúan tus células y cuánto tiempo vives.

Cuanto menor sea el nivel socioeconómico, menores son los horizontes de espacio y de tiempo. El trabajador de una fábrica vive día a día. El supervisor vive semana a semana. La gerencia inferior, mes a mes. La gerencia media, año a año. La gerencia superior, década a década; y el director ejecutivo puede que piense en términos de una generación. Los visionarios puede que piensen en términos de un siglo. Los sabios puede que piensen en términos de un milenio. Tal y como dijo Séneca, mides a una persona por sus fines más distantes.

La magnitud de espacio y tiempo en los pensamientos más dominantes de la gente determina su nivel de evolución consciente. A un nivel socioeconómico superior, la gente tiende a tener una menor fertilidad y un menor índice de mortalidad. A un nivel inferior, tiende a tener una mayor fertilidad y un mayor índice de mortalidad. Las tasas de fertilidad y mortalidad son inversamente proporcionales a la magnitud de espacio y tiempo en sus pensamientos más íntimos dominantes.

El índice de fertilidad y mortalidad de una compañía se basará, inversamente, en el tamaño y la magnitud de la visión de su líder. Si vive día a día, no es tan probable que lo consiga. Si tiene una visión grande y lo suficientemente inspiradora para soportar las distracciones de los placeres y los dolores pasajeros en la búsqueda de esa visión, resistirá.

La gratificación inmediata puede costarte la vida, del mismo modo en que puede costarte tu dinero. La gente que recibe dinero y se lo gasta de inmediato y de una forma que exceda a sus medios trabajará toda su vida como un esclavo por el dinero. Probablemente incluso acabará teniendo un nivel socioeconómico inferior y una esperanza de vida menor, ya que la riqueza es un factor en la longevidad. Cuanta más riqueza poseas, más tiempo será probable que vivas. Cuanto mayor sea el nivel socioeconómico, mayor será el nivel de educación que probablemente habrás recibido en una esfera concéntrica mayor de espacio y tiempo en tu conciencia; y probablemente hayas asumido o contribuido a asumir unos desafíos humanitarios mayores.

Si no estás haciéndote cargo no resolviendo desafíos individuales o sociales, posiblemente no estés viviendo en plenitud y quizás hasta estés muriendo lentamente. Las personas empoderadas, vivas y resilientes persiguen retos que las han inspirado. Si no hay ningún reto importante no hay crecimiento. Un vida auténtica y satisfactoria requiere de retos cada vez mayores tanto como de apoyo.

Los factores de la longevidad

Un factor de la longevidad es conocer tus valores superiores y priorizar tus acciones cotidianas para hacer lo que es más importante e inspirador para ti (y también para darte permiso para hacer algo extraordinario en el planeta Tierra), alguna acción inspirada que sea de verdadero servicio.

A continuación, debemos beber mucha agua. El agua es el solvente más universal. Ayuda a mantener el redox (reducción-oxidación) bioquímico esencial o los sistemas metabólicos en orden. Un exceso de estimulantes o sedantes puede provocar volatilidad. Cuanta más volatilidad, más corta es la esperanza de vida probable. La gente que intenta vivir de acuerdo con sus valores inferiores, que funciona a partir de su amígdala, más animal y apasionada, tiende a estrechar su mente y a experimentar más volatilidad. Alguien que viva de acuerdo con sus valores más elevados tenderá a estar a la altura de un nivel de contribución mayor. Funciona desde su centro cerebral superior, o ángel de la guarda, y tiende a expandir su misión al estirarse hacia arriba y hacia fuera en el interior de las esferas celestiales con su visión más amplia, no en las esferas terrestres más estrechas, viviendo día a día. Esta vista y visión más amplia ayudan a prolongar su vida e incrementan su resiliencia.

Otra clave es tu respiración. Cuando te ves retado perceptualmente, tu sistema simpático se activa, y tiendes a tener unas inspiraciones más largas y unas espiraciones más cortas. Cuando te ves respaldado perceptualmente, tu sistema parasimpático se activa y tiende a tener unas espiraciones más largas y unas inspiraciones más cortas. En cualquier caso, tu inspiración está desequilibrada. Tal y como solían decir los yoguis, mientras la mente divaga, lo mismo hace la respiración. Mientras la respiración divaga, lo mismo hace la mente. Si la mente no está equilibrada, la respiración no estará equilibrada. Cuanto más equilibrada tu respiración, más larga tu vida, porque tu respiración es tu vida. Tu vida empieza con tu primera respiración y acaba con la última. Si no sabes cómo moderar tu respiración, reducirás tu esperanza de vida.

Las volatilidades en la respiración acortarán la esperanza de vida. Ni siquiera darán el alta a un niño en un hospital si sus procesos respiratorios son demasiado superficiales y volátiles. Respirar profundamente y con el diafragma, en una relación de uno a uno de inspiraciones y espiraciones, beber mucha agua, moderar el exceso de estimulantes y sedantes, limitar los azúcares, consumir alimentos de buena calidad y vivir de acuerdo con tu *telos* son esenciales para tener una vida larga y satisfactoria.

Asegúrate de salir de casa, estar en plena naturaleza y caminar, usar, estirar y lubricar todas tus articulaciones y músculos. Siempre que activas el sistema parasimpático, eso activa tus músculos flexores, pronadores y aductores. Tu sistema simpático activará tus músculos extensores, supinadores y abductores. Siempre que hay un conflicto entre los dos sistemas autónomos, hay tensión entre esos músculos agonistas y antagonistas, y no hay congruencia, fluidez ni gracia en su función. Esto da lugar a tensiones y compresiones anómalas en las articulaciones y los tejidos, lo que después da lugar a la degeneración de los huesos, a presiones anómalas sobre las articulaciones y a enfermedades articulares degenerativas.

Esto genera un desequilibrio en la tensión o presión piezoléctrica, o cagas eléctricas positivas y negativas que alteran a las células y que incluso en algunos casos pueden activar cánceres.

La teología y el universo

Los constructos teológicos en la humanidad en su conjunto reflejan una graduación de la conciencia. En las primeras y más primitivas etapas, estábamos asustados de muchas cosas en la naturaleza que nos retaban, por lo que creamos dioses para recurrir a alguien que algunos creían que las suprimirían, nos protegerían y las anularían. Creábamos un dios o una deidad heroica a la imagen de cualquier cosa que venciera a nuestras ansiedades.

Con el paso del tiempo, mientras nuestro cerebro se expandía y desarrollaba, comprendimos los retos de la naturaleza de forma más racional. Ahora no era la climatología, la tierra, las plantas o los animales de la naturaleza los que nos asustaban, sino que eran otros seres humanos. Por lo tanto, creamos dioses a nuestra imagen y semejanza. Creamos deidades antropomorfas y las hicimos omnipresentes, omniscientes y omnipotentes.

Más allá de todos ellos tenemos la inteligencia potencial del universo, que trasciende a los antropomorfismos: no tiene forma, raza, credo, color, edad ni sexo; se pone constantemente de manifiesto en forma de un equilibrio entre el respaldo y el desafío, desarrollando y construyendo. En el campo de la física llamamos a eso las leyes de la conservación y las leyes de la simetría, y expresa una elegancia matemática. Estas leyes son lo que Albert Einstein mencionaba cuando hablaba de la verdadera religiosidad. El resto son, a veces, fantasías antropomorfas transitorias.

«Divino» procede de unas raíces que significan «emanar, brillar». Puede que la inteligencia divina resulte ser lo que los teóricos cuánticos describen como el vacío cuántico con sus partículas de luz emergentes y que se sumergen y sus partículas cargadas de materia y antimateria, que algunos creen que dieron lugar al llamado *big bang.* La verdadera ciencia y la religión no están batallando, pero las religiones basadas en deidades antropomorfas y algunos científicos ateos, que se oponen a esas religiones, tienden a pelearse. Los verdaderos científicos son humildes en cuanto a su conciencia y están dispuestos a vivir en los misterios, no sólo en las historias limitadas, y hacen las preguntas realmente más importantes. Al mismo tiempo, suelen tener miedo de las preguntas metafísicas, porque las respuestas son, al principio, especulativas. No tenemos forma de determinarlas todas, aunque cada generación determina cada vez un poco más.

Puede que simplemente haya una inteligencia en el universo, un orden subyacente conservado y magnífico basado en la información, y que todos formemos parte de él. Independientemente de lo que hagas, estás viviendo en una matriz social de apoyo y desafío. La mayoría de nosotros vivimos con unas evaluaciones e ilusiones subjetivas. Pensamos que las cosas están separadas cuando, de hecho, están entrelazadas en sincronicidades de formas que normalmente no vemos. Cuando las ves, eso te lleva a unas lágrimas inspiradas de gratitud por el orden que hay ahí. Es una síntesis y una sincronicidad de todos los opuestos complementarios. Trasciende a las obsesiones que la mayoría de la gente iguala al amor, y nos ayudan a crecer y evolucionar inteligentemente hacia fuera, hacia el interior de unos dominios cada vez mayores de espacio y tiempo y más allá, hacia el interior del vasto y misterioso presente, porque ése parece ser nuestro destino.

Capítulo 5

Los golpes duros de la vida

La resiliencia tiene mucho que ver con la gestión de los golpes duros de la vida. Son mecanismos de *feedback* que intentan hacerte volver a vivir de acuerdo con tu *telos* y abrazando ambos lados de la vida. El máximo crecimiento y desarrollo se dan en el límite entre el respaldo y el desafío.

Hay dos formas de angustia: la percepción de la pérdida de lo que buscamos y la percepción de la obtención de lo que evitamos. Si haces una lista de cualquier angustia que sufrirás en tu vida, te encontrarás con que todo se reduce a una de esas dos formas. Si, por ejemplo, estás buscando dinero, la percepción de la pérdida de dinero puede ser angustiante, pero también lo es la percepción de la obtención de cosas que puedan llevárselo, como facturas o ladrones.

Tal y como ya he comentado, la angustia es un mecanismo de *feedback* para hacerte saber que no estás viviendo de acuerdo con tu valor más elevado.

Los enamoramientos locos (obsesiones) pueden ocupar tiempo y espacio en tu mente y distraerte. Lo mismo se aplica en el caso de los resentimientos; pero si te encuentras en un estado equilibrado de amor por la vida, no te verás distraído: tu energía se usará para alimentar la genialidad, la innovación y la creatividad, y es ahí donde te vuelves más resiliente.

«Wide river»

A principios de la década de 1990, me encontraba en un vuelo hacia California. A mi lado había un hombre tranquilo cuya energía parecía drenada y que estaba un poco desconsolado, e iniciamos una conversación.

—¿A qué te dedicas? –le pregunté.

—Trabajo en la industria musical.

—Fantástico. ¿Compones música?

—Lo he hecho.

—¿De qué tipo?

—Es un género antiguo, más bien de tipo *rock and roll,* pero llevo un tiempo en crisis. No he hecho nada excepcionalmente creativo últimamente. No he creado ninguna canción nueva.

Empecé a pensar que quizás podría ayudarle.

—¿Sabes? –dije–, hay una técnica metódica, paso a paso, que puedes emplear para hacer que su genio creativo vuelva a fluir. ¿Te molesta si me divierto un poco contigo?

—No, está bien.

Supe que estaba preocupado por el fallecimiento de alguien a quien conocía. Además, no se estaba valorando plenamente porque no había compuesto nada nuevo y el reconocimiento de su grupo musical estaba desvaneciéndose un poco.

No había hecho nada que considerara genial recientemente, y estaba viviendo de su fama pasada.

Empecé a usar un proceso interrogativo que había desarrollado para despejar la pena de su pérdida. Disolví su dolor mediante una serie de preguntas, y experimentó una lágrima de gratitud, en lugar de una de pena por esta pérdida asumida inicialmente. Entonces hice que siguiera adelante y pensara por qué otras cosas estaba agradecido. También le ayude a redefinir cualquier cosa con la que tuviera dificultades para estar agradecido y a verlo desde otra perspectiva usando el Método Demartini. De repente, salió de su crisis y se animó.

—De acuerdo, pues –dije–. Cierra los ojos, ve a tu interior y piensa en aquello por lo que estás agradecido. No pares hasta que obtengas una lágrima de agradecimiento e inspiración en los ojos. En cuanto lo hagas, lo verás. Entonces iremos hacia el interior, y permitiremos que se revelen algunas letras inspiradoras y que crees una nueva canción.

Le llevó un momento reflexionar sobre aquello por lo que estaba agradecido, y de repente se abrió camino y alcanzó su umbral de gratitud, y una lágrima le asomó en los ojos. Cuando lo hizo surgieron algo de música y algunas letras. Tenía que anotarlas.

Mientras estaba pensando en la canción, su cuerpo se estaba moviendo, y luego se recostó en su asiento. Yo no lo sabía, pero los cuatro miembros de su grupo estaban sentados en una fila detrás de nosotros. Se inclinó hacia ellos y empezó a cantar sus nuevas letras, y ellos empezaron a cantar y tocar en su cabeza. Crearon una canción llamada «Wide river».

Se trataba de la estrella del *rock* Steve Miller. Al principio no sabía quién era. Le dije:

—He escuchado a tus grupos en las fenomenales décadas de 1970 y 1980, tío.

—Sí, lo sé. Hemos estado un poco en blanco últimamente.

Más adelante vi cómo le entrevistaban en un programa de televisión, y le preguntaron cómo había compuesto esa canción.

—Estaba volando en un avión –dijo–, y había un tipo sentado a mi lado, y él estaba haciendo cosas raras, y surgió mi canción. –Pensé que era hilarante.

A veces, cuando piensas que hay un reto, si haces las preguntas óptimas y lo percibes de forma distinta y decides ver que está *en* el camino, y no *en medio* del camino, esa crisis se convierte en tu mayor bendición. Puede que Steve Miller no hubiera compuesto una de sus grandes canciones si no hubiera tenido ese momento de reflexión e inspiración. La crisis es la bendición.

La búsqueda de vida

En una ocasión fui el orador invitado de la conferencia Waldzell Conference, en la Abadía de Melk, en Austria, con vistas al río Danubio: un lugar precioso. Otro orador fue el genetista y biólogo celular Paul Nurse, que había ganado el Premio Nobel por su trabajo sobre cómo el ciclo de la célula eucariota está controlado y cómo la forma y las dimensiones de la célula están determinados. Cuando ganó el galardón, el comité le dijo que necesitaba una biografía completada y autentificada de su vida para incluirla en sus anales.

Nurse empezó a hacer algunos deberes y descubrió algo que desconocía, pese a estar en su cincuentena. Averiguó que su padre y su madre no eran su padre y su madre. Las personas que él pensaba que eran su madre y su padre resultaron ser sus abuelos. Tenía a alguien que él pensaba que era su hermana mayor que se había quedado embarazada siendo una adolescente. Los padres se sintieron un poco avergonzados: no podía permitir que la vieran así, así que la enviaron a otra ciudad, lejos de su familia. Llevo su embarazo a término, y después de que el bebé naciera, sus padres se hicieron cargo del niño y le criaron.

Por lo tanto, este niñito creció con, posiblemente, un anhelo innato de conocer sus orígenes, el desarrollo de la vida y su verdadero código genético. Tenía la suficiente necesidad de saber estas cosas como para buscar este conocimiento durante décadas: información que nadie había averiguado antes. Obtuvo el Premio Nobel por ello.

Cuando a Nurse le entregaron el premio en Estocolmo, quiso dar las gracias a su hermana/madre. Había estado apartada, pero si no hubiera sido por las acciones de ella y de sus abuelos, probablemente no habría conseguido ese galardón. La familia había pasado de la mayor vergüenza a la mayor fama y el mayor agradecimiento en la familia. La crisis familiar que habían pensado que era un inconveniente dio lugar uno de los momentos más profundos de su vida.

No siempre vemos este equilibrio inicialmente, pero haciendo las preguntas óptimas y encontrando la bendición dentro de la crisis, el maestro ve y abraza ambos lados. La mayoría de la gente intenta escapar la mitad de su vida, buscando un opio, una fantasía unilateral. Sufren reveses de los que culpan al exterior, y luego buscan algo en el exterior que los salve.

No se dan cuenta de que todo en el exterior refleja lo que hay en el interior. No hay nada que falte dentro de nosotros. Conocer a Paul Nurse fue un momento inspirador. Dijo que no podía sacarse de la cabeza el anhelo de conocer el origen y el desarrollo de la vida y el código genético.

En lo más profundo de su ser, sabía sin saberlo que había un misterio en su vida que todavía no se había resuelto.

Cuando era niño, mi pie, mi pierna y mi brazo estaban vueltos hacia dentro, y tuve que llevar aparatos de metal y cuero. Le rogué a mi padre que me los quitara cuando tenía cuatro años, pero me dijo que si lo hacía tendría que mantener mi pierna y mi brazo rectos, o si no volvería a ponerme los aparatos. Todo lo que quería era ser libre y correr, y he sido independiente y he ido a la carrera desde entonces.

Cuando era muy niño me llevaron también a un logopeda. Cuando tenía seis años y empecé primero de primaria, mi profesor me dijo, delante de mis padres, que probablemente nunca podría leer, escribir o comunicarme, que nunca sería bueno para nada y que nunca llegaría muy lejos en la vida.

Eso era perfecto, porque era exactamente el vacío que necesitaba para hacer lo que estoy haciendo en la actualidad. Si no has visto tus muchos posibles obstáculos percibidos como si estuvieran *en* el camino, en lugar de *en medio* del camino, no has mirado con la suficiente profundidad para descubrir el orden superior de tu aparente caos. Puede que haya llegado el momento de volver a mirar.

Curando la esclerosis múltiple

En una ocasión estaba en Sídney (Australia), dando una conferencia de cinco días sobre casi mil problemas de salud: neuroendocrinología, psicología y fisiología. Escribí un libro sobre estos trastornos, comentando las razones psicológicas, autónomas y epigenéticas por las que acabamos padeciendo estas enfermedades. Es una especie de compendio de la mente y el cuerpo.

Durante cinco días, los estudiantes y yo estuvimos explorando trastorno tras trastorno, fijándonos en cómo el sistema nervioso autónomo, con su neurotransmisor, y el impacto epigenético secundario, afecta a la expresión o la represión de los genes, altera las proteínas y provoca cambios en la función celular. Correlacionamos esas variables con percepciones de eventos que se dan en nuestra vida para ver cómo nuestra mente y nuestro cuerpo generan síntomas.

Repasamos los sistemas del organismo y casi mil tipos distintos de trastornos. Cuando llegamos a la esclerosis múltiple (EM), un caballero alzó la mano y dijo:

—Doctor Demartini, ¿le molesta si hago una pregunta sobre la EM? Yo padezco EM, y me han dicho que es cuestión de semanas que tenga que vivir en una silla de ruedas. Mi brazo izquierdo está muy débil, y apenas puedo moverlo. Soy incapaz de soportar peso en mi pierna izquierda, y prácticamente no veo con mi ojo izquierdo debido a la neuritis óptica. Francamente, me asusta mucho. ¿Qué podría haber llevado a esto? ¿Hay algo que pueda hacer al respecto?

—No lo sé sin hacerle algunas preguntas –dije–. Simplemente estaba dando una conferencia educativa.

Sin embargo, pensé: «Veamos que podría hacer por él».

Fui hacia donde se encontraba y le pedí que me pusiera en antecedentes, porque los antecedentes revelan muchas cosas. Tenía un trabajo en el que se sentía insatisfecho. No veía luz al final del túnel y no sabía si podría soportarlo mucho más; pero lo estaba haciendo y estaba ahorrando bastante, así que imaginaba que, si alcanzaba una cierta cifra, tendría un colchón lo suficientemente grande para empezar a hacer algo que quería. Todavía no había delineado realmente el camino de su nueva trayectoria profesional, pero sentía que si podía conseguir un respiro sería genial. Ahorraría el dinero suficiente para llegar ahí, y estaba contando los días hasta que tuviese esa cantidad.

El día que decidió «Ahora puedo ser libre. Por fin voy a dejar este trabajo», se fue a casa a decírselo a su pareja y a su madre para encontrarse con que ambas requerían de una ayuda económica adicional. La idea de tener esta responsabilidad añadida le hizo helarse en su interior, y fue incapaz de decir lo que quería decir. En ese momento estaba irritado, pero se juzgó a sí mismo debido a los valores inyectados por la sociedad: ¿cómo puedes enfadarte con tu pareja y tu madre porque necesiten ayuda?

Este caballero tenía un conflicto interno entre lo que quería hacer y lo que sentía que tenía que hacer ahora. Su visión se había esfumado. Perdió su empaque. Perdió el equilibrio (en el lado izquierdo de su cuerpo, el lado femenino). Al cabo de días sintió un hormigueo, adormecimiento y debilidad: los síntomas de la EM estaban empezando.

Estaba chillando en su interior, y se sentía atrapado, pero no podía decirlo porque sentía que no debía hacerlo; y dijo: «Estoy atrapado en este maldito trabajo».

Usé el Método Demartini para ayudarle a ver las cosas desde otra perspectiva y para encontrar el orden oculto en el aparente caos. Nos ocupamos de lo que había sucedido y de cómo su enfermedad estaba intentando asegurarse de que recibiera atención y de que consiguiera lo que deseaba. Ahora tenía una razón para dejar su trabajo, con un seguro que le cubría. Ésa era su única vía de escape. La enfermedad suele ser resultado de estrategias inconscientes.

Mientras estábamos trabajando y revisando sus motivos y estrategias inconscientes, afloraron lágrimas a sus ojos, su nariz goteó y de su boca resbaló baba al llegar a esa comprensión profunda. Su novia le pasó el brazo por la espalda y él pasó por una catarsis durante quince minutos, ahí, en el seminario. Al final vio algo de luz al final del túnel (por qué había generado esta enfermedad), y vio lo que de verdad quería hacer: ayudar a la gente a evitar verse atrapada. Ése era su sueño: ayudar a la gente a superar sus callejones sin salida, y vislumbró una forma de conseguirlo.

Después del seminario, este caballero regresó a casa y durmió más profundamente esa noche. A la mañana siguiente, se levantó, le llevaron al lugar del seminario, entró a la sala donde se celebraba y vino directamente hacia mí. Me estaba poniendo el micrófono, listo para hablar. Me abrazó y me dijo:

—Puedo verle con mi ojo izquierdo. Puedo sujetarle con mi brazo izquierdo. Y he subido por las escaleras por mi cuenta, con mi pierna izquierda. Independientemente de lo que pasase ayer, algo ha cambiado.

—Fantástico. Con la EM, a veces se tienen remisiones y exacerbaciones; sube y baja, por lo que no se puede afirmar que esto no sea más que un trastorno temporal, pero sigamos trabajando.

Esa tarde, cuando me fui para tomar mi vuelo, este caballero fue conmigo al aeropuerto. En la sala de espera vip, diseñamos un plan de acción, usando el Método Demartini para deshacer cualquier problema que pudiéramos identificar para acelerar su proceso de curación.

Este caballero se puso a trabajar. No lo hizo sólo parcialmente. Eliminó cada conflicto y juicio internos almacenados subconscientemente que pudo identificar en su vida: resentimientos, desafíos y cosas por las que no estaba agradecido. Hizo una lista con ellos y la abordó metódicamente usando el Método Demartini para disolverlos.

Su neurólogo dijo:

—No se entusiasme. Esto es temporal. Ésta es una enfermedad degenerativa progresiva.

Seis meses después, el neurólogo dijo:

—Algo ha sucedido claramente. No se han dado síntomas y, generalmente, en seis meses, algunos síntomas hubiesen vuelto a aparecer.

Este caballero dijo:

—Acabo de regresar del programa de formación del Método Demartini. ¿Le importa si trabajo con algunos de sus pacientes con EM, por si acaso puedo hacer algo?

Empezó a trabajar con otros pacientes con EM, librándolos de su carga, y empezó a obtener unos resultados similares. Años después, este hombre puede practicar *jogging*. En la actualidad no tiene síntomas de EM.

No sé cuáles son los límites del cuerpo humano, pero sí sé que nuestros síntomas están intentando hacernos regresar la autenticidad. Si desvelamos el mensaje y la misión, eso será revelador, nos orientará para hacer algo extraordinario, porque el poder que tenemos en nuestro interior es mucho mayor que los obstáculos que hay a nuestro alrededor. Los síntomas están intentando hacernos resilientes y auténticos.

La crisis previa de este caballero es ahora su bendición. Se ve inspirado por lo que hace en la actualidad. Está ganando mucho dinero aplicando este método a la gente. Ya ha ayudado a docenas de personas con EM y está transformando los puntos de vista de algunos neurólogos.

La crisis es la bendición. Los golpes duros son el regalo. El contratiempo es el paso hacia adelante; la cicatriz es la estrella. Tomémonos tiempo para pensar en mayor profundidad. Siempre que llenamos nuestra mente y nuestros días con nuestras acciones de mayor prioridad, expandimos nuestra resiliencia, adaptación y capacidad de ver y abrazar ambos lados, a nosotros mismos y al mundo que tenemos a nuestro alrededor.

Una diseñadora de once años

En otra ocasión estaba hablando en una conferencia en Las Vegas, y una niña de once años llamada Hanalei Swan subió al escenario para dar una charla inspiradora. Después de su presentación, le pregunté:

—¿Cuál es el mayor desafío que has convertido en una oportunidad increíble?

—Cuando nací –dijo–, mis padres lo perdieron todo y se declararon en bancarrota. Leyeron *La semana laboral de 4 horas: no hace falta trabajar más* y decidieron: «Dejémoslo todo y empecemos a viajar». Ésa fue mi mayor victoria. Me ayudó a convertirme en quien soy hoy, porque llegué a ver el mundo tal y como es en realidad en lugar de leer sobre él en libros de texto. Pude encontrar inspiración en distintas culturas, pueblos y lugares de todo el mundo. Durante mis viajes empecé a crear diseños de ropa a la moda y conservé mis ideas en un cuaderno de bocetos.

»En una ocasión estábamos en Bali. Estábamos sentados en un restaurante al lado de una mujer que estaba hablando con mis padres. Yo estaba profundamente dormida en el sofá del restaurante. Mi madre le preguntó a la mujer: «¿Cómo se gana la vida?».

»—Soy diseñadora de moda.

»Me desperté inesperadamente. Tenía mi cuaderno de bocetos justo a mi lado, y dije:

»—Yo también lo soy».

»—Si eres una diseñadora de moda debes llevar contigo tu cuaderno de bocetos —dijo la mujer.

»—Se lo mostré. –Miró mis bocetos y dijo:

»—Estos bocetos tiene que convertirse en realidad.

»Desde entonces –dijo la niña–, he sido diseñadora de moda. Eso me proporcionó la inspiración para averiguarlo y hacer lo que me encanta. Decidí que quería hacer diseños increíbles para hacer que las mujeres se sientas hermosas.

En ese momento tenía seis empleados trabajando para ella.

—Pero –siguió–, a medida que he viajado y revisitado lugares, he visto mucha contaminación en nuestro planeta. Algunos lugares eran preciosos antaño y ahora están llenos de basura. Combiné mi misión de salvar el planeta con mi amor por el arte y la moda. Ahora puedo hacer lo que me encanta cada día y ayudar a nuestro planeta.

¿Puedes ver cómo la crisis de esa familia se convirtió en su bendición? La bancarrota puede que pareciera el evento más desafiante en esa época, pero tenía en su interior algo alentador y dio lugar a algo inspirador.

La enseñanza y los valores

Frecuentemente me abordan padres que me dicen: «Estoy preocupado por la experiencia de escolarización de mi hijo. Mi hijo está muy deprimido. Le están enseñando temas que no están, claramente, en sintonía con sus valores y acciones intrínsecos más elevados. Está aburrido. No ha tenido la oportunidad de estudiar o hacer lo que de verdad querría hacer desde una tierna edad. Se ha visto obligado a pasar por un sistema que él percibe como incongruente con sus valores e ideales más elevados.

A veces hablo en escuelas, a profesores, directores y alumnos. Todavía tengo que conocer a un niño o una niña, independientemente de su edad, al que no le guste aprender, pero quieren aprender lo que sea más intrínsecamente significativo e inspirador para ellos. Creo que es bastante injusto que cualquier chico tenga que estudiar cualquier asignatura sin saber por qué y cómo esa asignatura les ayudará a hacer realidad lo que es más importante en su vida.

Cuando voy un colegio, me siento con los profesores e identificamos sus valores más elevados. Dispongo del proceso de Determinación Demartini del Valor: se encuentra en mi página web, drdemartini.com, y es gratuito y privado. Tómate un momento para rellenarlo. Te llevará treinta minutos. Hazlo algunas veces, ya que tendemos a mentirnos inicialmente. Tendemos a escribir cuáles desearíamos que fuesen nuestros valores o los que solían ser en lugar de anotar, objetivamente, lo que nuestra vida muestra o revela. Sigue rellenando esta encuesta basada en preguntas hasta que puedas mirarla y decir: «Lo tengo. Eso es lo que mi vida muestra de verdad que es más valioso».

Una vez que determino los valores de los profesores, tomo sus materias y pregunto: «¿Cómo, impartir esta asignatura, temas y subtemas concretos va a ayudarte a satisfacer lo que es más significativo e importante para ti como profesor?». Si no pueden ver cómo una materia les va a ayudar a hacer realidad lo que es significativo para ellos, no van a estar implicados. No se mantendrán actualizados con la información más avanzada. No estarán entusiasmados ni inspirados. Serán aburridos, y nadie va a querer sentarse y escuchar sus presentaciones y clases.

Por lo tanto, durante tres horas, hago que los profesores vinculen cada asignatura que imparten con sus valores superiores, de modo que puedan ver que la asignatura es profundamente fundamental para ayudarles a conseguir lo que de verdad es más importante para ellos: sus valores más elevados.

He hecho esto con muchos profesores, y son completamente distintos cuando entran a clase la siguiente vez, porque ahora pueden ver que su plan de estudios va a ser profundamente significativo para ellos. Porque ahora ven que su plan de estudios está *en* el camino, y no *en medio* del camino. No enseñan porque tengan que hacerlo, porque esas sean las normas. Lo hacen porque ahora pueden ver que esto va a ser profundamente importante para ellos. Esto lleva unas cuatro horas en total.

A continuación, me dirijo a los alumnos el primer día de clase y les ayudo a determinar sus valores superiores de la misma forma. Hago que se pregunten cómo, en concreto, las asignaturas que están a punto de estudiar les van a ayudar a satisfacer lo que más valoran. Trabajamos como grupo y ayudamos a todos a averiguar cómo estas asignaturas van a servirles. Cuando los estudiantes entran, empiezan a decir: «No van a servirnos. Son inútiles y anticuadas. ¿Qué voy a hacer con esta información? No tengo ni idea».

Si los alumnos no pueden ver cómo sus asignaturas les van a ayudar a hacer realidad o a conseguir llegar a donde quieren, no querrán estudiarlas. Se aburren y pierden la inspiración. Entonces se los etiqueta como chicos con trastorno por déficit de atención y se los medica; pero en casa pueden estar sentados durante seis horas jugando a videojuegos, o socializan, o practican un deporte. No padecen un trastorno por déficit de atención en aquellas áreas por las que se ven más inspirados. Lo padecen en una asignatura que no es inspiradora, impartida por un profesor que no es inspirador, con un plan de estudios pensado para burros de carga, y no para líderes, con el que no pueden identificarse y que se percibe como desmotivador.

Mientras los alumnos tengan esa actitud, ¿por qué iban a querer ir a clase? ¿Por qué iban a querer recordar lo que han aprendido? No tienen ningún compromiso, pero en mis sesiones de vinculación, aprenden cómo esa asignatura va a ayudarles a obtener lo que quieren.

En el programa de seminarios con mi sello personal, la Experiencia Descubrimiento, enseño a la gente esta misma habilidad: cómo tomar cualquier cosa en su vida y ver cómo les ayuda a conseguir lo que quieren. Eso vale mucho la pena, especialmente para aquellos que se sienten desmotivados en la vida. La mayoría de la gente lleva una vida callada de desesperanza porque no sabe cómo hacerlo.

Una vez que hemos tomado a los estudiantes y les hemos mostrado los vínculos, no irán a las clases porque sí, sino que irán porque quieren aprender y satisfacer sus valores superiores. Nadie quiere aprender algo sin más: quiere aprender algo que sea significativo y de lo más importante para él.

En el caso de algunas asignaturas, a los estudiantes les va realmente bien, pero en el caso de las materias con las que se están encontrando con más dificultades puedes, simplemente, preguntarles cómo asistir a una asignatura les ayudará a hacer realidad lo que de verdad quieren en la vida. Te garantizo que se pueden establecer vínculos con cada materia. Todavía tengo que encontrarme con una asignatura con la que no puedan establecerse vínculos con cualquier valor superior que tenga un muchacho. Simplemente no lo sabe. Consiste, sólo, en ser insistente y hacerle responsable para seguir buscando. Con cada nuevo vínculo establecido en su mente entre la asignatura o el tema y sus valores más elevados, mayor será su implicación con el aprendizaje y más resiliente se volverá.

Delegar

Una mujer que asistía a unos de mis seminarios en Londres hace algunos años se acercó a mí con esta afirmación y pregunta: «Pasé por algunas tragedias muy transformadoras en mi vida. Perdí a tres miembros de mi familia. Perdí mi hogar y, hace poco, he dejado una relación de diez años. En este momento estoy pasando dificultades económicas y estoy encontrando que la vida es increíblemente difícil. Ha hablado usted sobre delegar tareas de baja prioridad, pero cuando pasas por dificultades económicas, ¿cómo narices puedes delegar?

»Debido a estas tragedias percibidas, acabé siguiendo una nueva trayectoria profesional que, ciertamente, me encanta, pero todavía no me está haciendo ganar dinero suficiente como para sobrevivir. Dirijo clubes de canto en el Reino Unido y en distintas ciudades europeas. Los gestiono en escuelas y trabajo con personas desfavorecidas y con gente que tiene dificultades de aprendizaje. Gracias a ellos he ayudado a gente a salir de la depresión, pero apenas me permite ganar lo suficiente para sobrevivir sola en Londres. No puedo permitirme delegar. No puedo pagar a gente para que me ayude».

En respuesta a la afirmación y la pregunta de esta mujer, le dije que el objetivo de delegar es liberarte para que hagas lo que está en posiciones más altas en tu lista de prioridades y lo que puede, potencialmente, producir una mayor cantidad de servicio e ingresos. Si no estás llevando a cabo alguna forma de servicio que satisfaga de verdad las necesidades de otros lo suficiente como para que deseen pagarte por un intercambio justo y que te reporte más que el coste de delegar, no podrás delegar. Por lo tanto, la delegación no es una abnegación. Su fin es que dispongas de la libertad para llevar a cabo acciones que tengan un valor superior, que sean más productivas y económicamente viables.

Si no te sientes merecedor de recibir unos grandes ingresos económicos o una gran riqueza por lo que estás haciendo, quizás quieras fijarte en qué, de tu pasado, te sientes avergonzado o culpable, porque la vergüenza y la culpabilidad del pasado pueden generar comportamientos altruistas para compensar, para que nos sintamos mejor con nosotros mismos por rescatar a gente que representa partes de nosotros que no hemos amado.

Intenta darte permiso para servir a la gente mientras te valoras y empaquetas tu servicio de una forma en que la gente pague por él. De esa forma mantendrás un intercambio justo sostenible, y tendrás el dinero necesario para poder delegar, de modo que podrás servir a cada vez más gente.

Si eres pobre, puede que simplemente se deba a que no estás preocupándote lo suficiente de hacer contribuciones para la humanidad. Si lo hicieses, darías con una forma de servir a la humanidad directa o indirectamente con un producto, servicio o idea. En lugar de centrarte en ti, te centrarás en el servicio y en marcar una diferencia en su vida. Te pagarán si satisface una verdadera necesidad.

—Por lo tanto –le dije a esta mujer–, te animaría a que priorices: ¿cuál es el servicio de máxima prioridad que puedes llevar a cabo y que se ciña al que produce los mayores ingresos? Esto significaría que estás sirviendo de verdad a los demás. Haciendo eso, podrías delegar los otros pasos de menor prioridad y ser capaz de llevar a cabo tu trabajo filantrópico también.

»Si nunca has pensado en cómo podrías generar unos ingresos sustanciosos mientras proporcionas tu servicio, te animaría a que te aclarara con respecto a cómo hacer eso. ¿Cómo servir a un número cada vez mayor de personas y ser pagada estupendamente por ello? Se trata, simplemente, de formular la pregunta adecuada y de ser lo suficientemente responsable para crear o descubrir la respuesta.

»Probablemente te estés aferrando a alguna vergüenza o culpa del pasado que te haga sentir que debes hacer algo altruista, y eso está bloqueando que obtengas unos ingresos sostenibles y luego provechosos. Mi Método Demartini incluye procesos que pueden despejar eficientemente esa vergüenza y culpa y permitirte recibir. Mucha gente no puede superar este umbral desde el punto de vista económico hasta que eso ocurre. Sin embargo, siento que hay un poco de vergüenza que todavía permanece en su mente. No sé si eso responde a tu pregunta, pero decidamos exactamente qué te gustaría hacer y empaquetémoslo de una manera que, de hecho, consiga los ingresos que te encantarían. No me convencerás de que no puede conseguirse. Es, simplemente, cuestión de una lluvia de ideas, de hacer las preguntas esenciales e implementar los pasos estratégicos».

Capítulo 6

Lidiando con la depresión

Un problema de salud mental con el que me encuentro frecuentemente es la depresión. Probablemente habrás sufrido momentos en los que has tenido bajones, por no hablar de una verdadera depresión clínica. Aunque hay distintos criterios para definir o determinar una depresión clínica, los psiquiatras actuales, que parecen impulsados por la industria farmacéutica, creen mayoritariamente que padeces un desequilibrio bioquímico y que necesitas medicación. Esta convicción ha sido cuestionada de forma significativa por recientes investigaciones a largo plazo.

No estoy diciendo que eso no suceda a veces, pero estoy seguro de que no es tan frecuentemente como se ha promocionado y creído. La gente busca una píldora para cada enfermedad para un apaño rápido, en lugar de asumir el control de su vida y aprender qué subyace a la depresión y qué puede hacer al respecto.

Supón que acudieses a mí y dijeses que estás deprimido. Tu psiquiatra te ha dicho que padeces un desequilibrio bioquímico y que necesitas medicación. Crees que, como te han dicho que se trata de un desequilibrio bioquímico, no hay nada que puedas hacer: tienes que tomar la medicación para la depresión.

Pero supón que yo dijese que tras esta puerta hay un tigre gigante. Voy a abrir la puerta y dejar que el tigre entre en la habitación en la que estás. Quiere comerte. Va a cruzar la habitación saltando directamente hacia ti, y su boca va a estar abierta, con sus colmillos y saliva. En cuanto esté a punto de agarrarte la cabeza voy a congelar la imagen, de modo que el tigre se encuentre en el aire, con la boca abierta y salivando sobre tu cabeza. Voy a entrar rápidamente y a hacer un análisis de sangre de tu química cerebral. ¿Adivinas qué encontraré? No tendrás una química cerebral normal. Estará significativamente alterada debido a la angustiante percepción de que un depredador está a punto de devorarte.

En el transcurso de una billonésima de segundo, tu química ha cambiado. Tu dopamina, serotonina, endorfina, encefalina, vasopresina, oxitocina y estrógenos han caído de inmediato. Tu testosterona se ha elevado rápidamente.

Lo mismo ha sucedido con tu histamina, osteocalcina, cortisol, norepinefrina y epinefrina. Tu sustancia P ha subido. La química del dolor y la de la lucha o huida ha ascendido rápidamente.

Vas a sufrir un desequilibrio bioquímico, y se va a producir en un milisegundo. Tus percepciones llegan a la velocidad de la conducción eléctrica, modificando las hormonas en el hipotálamo y las neurohormonas y los neurotransmisores en el sistema nervioso autónomo.

De repente, el tigre baja, coloca sus brazos a tu alrededor y dice: «¡Soy Tony el Tigre, y eres forrrrrmidable!». Siempre te ha gustado Tony el Tigre porque comías cereales de desayuno azucarados cuando eras niño. Piensas: «¡Oh, Dios mío, por fin he conocido a Tony el Tigre!». Él te abraza y quiere tomarse una foto contigo. Ahora te lo estás pasando en grande con Tony el Tigre.

Si congelase esta escena y evaluase tu neuroquímica cerebral, ¿adivinas qué encontraríamos? Tu dopamina, oxitocina y vasopresina habrían aumentado. Habría compuestos del deseo y de los vínculos afectivos que ascenderían. Subirían los estrógenos, la serotonina, las encefalinas y las endorfinas, mientras que los otros compuestos químicos que he mencionado (cortisol, epinefrina e histamina), descenderían. Le habrías dado la vuelta a todo en un abrir y cerrar de ojos.

Si congelase esta escena, tu psiquiatra diría que padeces un desequilibrio bioquímico, pero el psiquiatra no te dice que tu desequilibrio bioquímico tenía mucho que ver con tus percepciones presentes y anteriores almacenadas subconscientemente.

Tú podrías decir: «No tengo esas percepciones extremas y sigo deprimido». Puede que las tengas, y puede que no lo sepas.

Los complejos neurosociales

Permíteme proporcionarte otro escenario. Digamos que estás en casa un domingo y que has decidido que vas a tomarte un día relajado. Entonces te ves involucrado en una pelea con tu cónyuge y tenéis una competición de gritos el uno con el otro.

Justo en medio de la pelea, sueña el timbre. Reprimes tu ira momentánea y vas hacia la puerta y ves a tus amigos, que te dicen:

—Estábamos por el vecindario y hemos pensado en pasarnos a veros.

—Pasad –les dices, y sonríes, ocultando lo que en realidad estás sintiendo.

Mantienes una conversación de dos horas con tus amigos. Pasas un buen rato con ellos, pero sigues teniendo un asunto de pareja enconado pendiente en tu mente, enterrado temporalmente. Entonces tus amigos se van. No has despejado realmente la atmósfera. Tu cónyuge se dedica a sus cosas tranquilamente y tú te pones con las tuyas. Tienes una sutil frustración que no resuelves.

Vas al trabajo al día siguiente, y tu cónyuge va y hace lo que haga. El asunto se desinfla, pero no se ha resuelto. A veces, algo te lo recuerda, y esas emociones reprimidas vuelven a aumentar.

Esas emociones están almacenadas en la electrónica y la química del cerebro, en lo que se llama complejos asociados al sistema nervioso o engramas, que están ahora desequilibrados desde el punto de vista electrónico. Esos desequilibrios están almacenados como ruido o electricidad estática en el cerebro. Cuando estás locamente enamorado o resentido, u orgulloso o avergonzado, tienes ruido en el cerebro: no puedes sacarte a la otra persona o a ti mismo de tu cabeza. Esa persona o tú está ocupando tu mente, y dormir es difícil.

Este desequilibrio bioquímico inducido perceptualmente no se ha dado simplemente porque el cerebro colapse automáticamente un día. Se debe a que has acumulado muchos de esos juicios encontrados o desequilibrios perceptuales emocionalmente polarizados y almacenados subconscientemente. Están dirigiendo tu bioquímica pese a que no seas consciente de ello y nadie te esté hablando de ello.

Puede que no poseas la habilidad de saber cómo pelar las capas de la cebolla y llegar a esas emociones al almacenadas o cómo hacerte regresar a ti mismo a esos momentos y despejarlos. Puede que no dispongas de las herramientas, por lo que la única solución es una píldora farmacéutica. No estoy diciendo que no haya lugar para ella, ya que lo tiene. En algunos casos hay defectos genéticos en el cerebro, o lesiones. Puede que haya alguna razón por la que tu cerebro esté desequilibrado, pero me encuentro con que eso es extremadamente raro. Preferiría empoderar a la gente y mostrarle cómo puede reducir o revertir sus obsesiones o resentimientos subconscientes que se van acumulando y que aprenda cómo controlar su vida. Eso es lo que quiero presentar ahora.

Qué es la depresión

Quiero compartir contigo una perspectiva alternativa sobre lo que es la depresión en mis términos y hablar acerca de algunas de las personas con las que he podido trabajar. He trabajado con miles de personas que estaban supuestamente deprimidas, o que por lo menos eso les habían diagnosticado, y he encontrado algo bastante singular.

Preferiría mostrarte cómo disolver esos problemas, de modo que puedas reducir o eliminar la necesidad de tomar pastillas. He tenido a gente en mis programas a la que le han diagnosticado depresión clínica, pero que ya no está deprimida ni tomando medicación. No he sido yo el que les ha retirado los fármacos, sino ellos, a veces junto con sus médicos y a veces sin ellos. No porque yo les haya dicho que lo hagan, sino que simplemente ya no parecen necesitarlas. Saben cómo equilibrar su mente y asumir el mando de la neuroquímica de su cerebro.

Dicho eso, déjame hablarte de lo que podrías hacer si sientes que podrías estar o que estás deprimido. Permíteme explicarte lo que yo defino que es la depresión.

Ya he hablado de la jerarquía de los valores, o de la estructura de valores. Te vuelves más objetivo y neutral en cuanto a tus percepciones cuando empiezas a vivir según tus prioridades de acuerdo con tus valores superiores; y despiertas a tu centro ejecutivo cortical prefrontal autónomo. Tal y como se ha afirmado anteriormente, la objetividad también significa ecuanimidad: estás más equilibrado en tu mente y, por lo tanto, más equilibrado en cuanto a tu neuroquímica. Cuando vives de forma congruente con tus valores superiores, acoges los aspectos positivos y negativos de la vida más equitativamente. Sn embargo, cuando intentas vivir de acuerdo con tus valores inferiores, como cuando te comparas con otros y los admiras y luego intentas vivir según sus valores y no según tus propios valores más elevados, tiendes a volverte más subjetivo: es decir, más parcial. Cuando bajas a ese nivel, tienes una mayor probabilidad de ser volátil y de estar lleno de emociones basadas en la supervivencia, ya que estás insatisfecho y tu amígdala empieza a entra en acción.

Una vez más, tomemos el ejemplo el niño pequeño al que le encantan los videojuegos. Si eres ese niño, trabajarás día y noche en tu juego. No tienen que recordarte que lo hagas. En cuanto lo domines, acudirás a tus padres para conseguir un juego más desafiante. No te estás arrugando frente a los retos, sino que estás anhelando abordarlos para ver qué eres capaz de hacer.

Así es como te comportas cuando estás viviendo de acuerdo con tus valores superiores: acoges los cambios que te ayudan a hacer realidad aquello con lo que sueñas. Puedes agradecer el apoyo y el desafío por igual y, por lo tanto, estás y eres más equilibrado, resiliente, adaptable y capaz en esa área. Siempre que te marcas unos objetivos que están en sintonía con tu valor superior estás más equilibrado, es menos probable que seas volátil o emocional, y serás menos maníaco y depresivo. La gente que vive de acuerdo con sus valores más elevados en su centro ejecutivo no padece tantos cambios emocionales extremos, al contrario que en el caso de la gente que vive según sus valores inferiores y queda atrapada en las respuestas de su amígdala y se vuelve volátil.

¿Cómo y por qué intentamos vivir transitoriamente de acuerdo con nuestros valores inferiores? Es muy fácil. ¿Has conocido alguna vez a alguien que pensaras que tenía una vida más genial que la tuya? ¿Te has comparado con él, pensando que era más inteligente, rico, exitoso o influyente que tú o, si vamos al caso, más espiritualmente consciente? En la comparación te sentías pequeño, fatigado y algo así como deprimido.

Eso es porque estás comparando tu realidad actual con una fantasía de ser esa persona, y no tú. Puede que esa persona no sea, de hecho, lo que tú crees, pero asumes que lo es. Cuando intentas ser más como ella, inyectas sus valores en tu vida e intentas vivir de acuerdo con esos valores. Lo que está casi garantizado es que te devalúas mediante esa comparación. Vas al interior de una parte más primitiva del cerebro, la amígdala, y funcionas de una forma más subjetiva. Es más probable que seas impulsivo e instintivo, buscando presas o aspectos negativos, y evitando a los depredadores o los aspectos negativos. El trastorno bipolar es un subproducto de la adicción y la subducción monopolares.

¿Por qué estoy diciendo esto? Porque muchas depresiones van acompañadas de oscilaciones bipolares. Eso significa ciclos de manía y depresión. La depresión es una comparación de tu realidad actual con una fantasía sobre cómo quieres que sea tu vida. Eres, es cierto sentido, un adicto a la dopamina de esa fantasía, y no quieres perderla. Como estás intentando vivir de acuerdo con tus valores inferiores, en la amígdala, te sientes insatisfecho. Como compensación, buscas una gratificación inmediata, un «chute» rápido.

El comportamiento adictivo y un deseo del sesgo, de la felicidad sin tristeza, del placer sin dolor, de la facilidad sin dificultad, del orgullo sin vergüenza, de lo positivo sin lo negativo, son subproductos de unos valores superiores insatisfechos. Cuando estás haciendo algo que te encanta, estás más equilibrado o eres más objetivo, estable, inspirado y agradecido. Acoges el dolor y el placer en busca de lo que es más importante y significativo, y eres más resiliente.

Si no estás satisfaciendo tus valores superiores porque te estás comparando con otros, inyectando sus valores a los tuyos, e intentando ser alguien distinto, te perderás a ti mismo. Vas a desaprobarte y a buscar un apaño rápido a modo de compensación disociativa-asociativa.

La depresión es una comparación de tu realidad actual con una fantasía sobre lo que quieres que ni siquiera es exactamente verdad. Mientras te aferres a una fantasía, tu vida va a ser una pesadilla. Pese a ello, la forma en la que la vida es realmente (equilibrada) es más magnífica que cualquier fantasía.

La depresión es un bajonazo que se da como resultado de una adicción a un «subidón». Cualquier cosa que pienses que va a proporcionarte un aspecto positivo que es superior a uno negativo, cuando averigües que está equilibrada, conducirá a un aspecto negativo superior a uno positivo. Siempre que no llenes tu día de acciones de prioridad alta, serás más vulnerable a los estados maníacos y depresivos. Irás de acá para allá. Buscar un mundo parcial inalcanzable será fútil y ciertamente deprimente.

La gente insatisfecha se ve más afectada por las cosas del exterior porque está motivada por las recompensas y los castigos externos en lugar de por una postura interna. La gente motivada por el interior está más centrada y es más auténtica, y está inspirada por su vida. No se ve afectada por fantasías maníacas y las depresiones que las acompañan. Son personas claras, son objetivas; usan la razón y emplean la parte avanzada de su cerebro para gestionar los impulsos e instintos de supervivencia basados en su amígdala que polarizan o desequilibran su neuroquímica.

La amígdala se ocupa de los impulsos y los instintos, la porción restante del cerebro límbico se ocupa de las emociones intermedias, y la parte superior del cerebro lidia con la razón objetiva y la intuición. Cuando esta área del cerebro está activa, generalmente no padecemos depresión. Es en las respuestas basadas en la amígdala donde sufrimos una manía y depresión arrolladoras, porque nos esforzamos por una fantasía de parcialidad e intentamos evitar la pesadilla que la acompaña.

Buda dijo que el deseo por lo que es inalcanzable y el deseo de evitar lo que es inevitable son las fuentes del sufrimiento humano. Si estás luchando por algo que es parcial, subjetivo pero inalcanzable y estás intentando librarte del otro lado, que es inevitable, probablemente vas a «sufrir» una depresión. Sin embargo, la depresión no es tu enemiga. Es, por contra, tu amiga, porque te está haciendo saber que estas persiguiendo unas expectativas poco realistas y te está proporcionando *feedback* para que adaptes tu rumbo. Está ahí para ayudarte a marcarte objetivos realistas, en momentos realistas, con estrategias realistas, y a ser auténtico. Imagina todo este escenario emocional oscilante como un imán con su polo positivo y negativo. ¿Puedes conseguir un imán que tenga un extremo y no el otro?: no, pero si te esfuerzas por obtenerlo, vas a sentir frustración y futilidad, y vas a enfadarte porque no podrás conseguirlo.

Buena parte de la depresión viene como resultado de la comparación de tu realidad actual con estas fantasías. Eso afecta a tu química cerebral. Cuando funcionas desde tu centro cerebral superior, equilibras tu química. Cuando funcionas desde el interior de tu centro cerebral inferior, desequilibras tu química, porque estás polarizado, y ése es un componente muy importante de la depresión.

Alguien que esté deprimido de forma suicida está diciendo: «No puedo vivir más así». Me han llegado muchos de esos casos. Les ayudo a entrar en su interior y a mirar los contenidos de su mente, porque no puedes tener un sentimiento en tu fisiología sin un contenido en tu mente. Puede que no seas consciente de ello porque no has formulado las preguntas óptimas, pero no tendrás un sentimiento polarizado sin una percepción desequilibrada y una expectativa distorsionada subjetivamente y un contenido de pensamiento tras ello.

El recuerdo y el antirrecuerdo

Cuando estás deprimido, ¿qué hay exactamente en tu mente? ¿Con qué lo estás comparando? Si anotas todo lo que hay en tu mente bajo el encabezado «depresión» y luego encuentras su contrario exacto, descubrirás que tu mente tiene tanto un recuerdo como un antirrecuerdo. Tiene el polo opuesto en la mente al mismo tiempo. Si uno está deprimiendo, el otro se está regocijando: este anticontenido es el opuesto recíproco.

Si estas locamente enamorado de alguien, asumes que esa persona tiene más aspectos positivos que negativos. La semana después de la primera cita, no puedes sacártela de la cabeza. Tu percepción desequilibrada con respecto a ella está generando ruido cerebral en ti. Si, de repente, esta persona dice: «Lo siento, no voy a salir más contigo. No me vuelvas a llamar», te deprimirás, porque estás comparando tu realidad actual con una fantasía sobre a dónde iba a llevar esta nueva relación. No tendrías ni podrías tener esa depresión sin un regocijo o fantasía previos o actuales.

Entonces imagina que te encuentras en una relación en la que estás enojado y amargado. Estás cansado y agotado, y estás diciendo: «Ya es suficiente». La otra persona acaba llamándote y te dice: «Dejo esta relación». No estás deprimido: sales y lo celebras con tus amigos.

Experimentas dolor y depresión por la pérdida de aquello con lo que estás obsesionado, pero experimentas alivio y regocijo por la pérdida de aquello con lo que estabas resentido. Eso significa que no podrías sufrir una depresión a no ser que padecieras algún tipo de adicción a una fantasía sobre cómo esperabas que fuera e iba a ser.

Ésa es una fuente clave de tu depresión. Puede que no le estés prestando atención, porque la sociedad y todos los demás te han dicho que seas «feliz». «No estés triste. Sé amable, no seas cruel. Sé positivo, no seas negativo». Están promocionado el opio del pueblo metiéndote la idea de que puedes ser parcial y un hipócrita moral, pero lo cierto es que no vas a ser parcial. Nadie lo es. Es insano intentar esperar una vida parcial cuando lo cierto es que las tienes ambas. No necesitas librarte de ninguna parte de ti para amarte y apreciarte. Ten cuidado con las hipocresías morales proyectadas externamente.

Mientras esperes, de forma poco realista, que otros o tú mismo seáis parciales, vas a estar deprimido. También vas a estar deprimido si esperas que otras personas en el mundo vivan siempre de acuerdo con tu conjunto de valores y no según los suyos propios.

El abecedario de la negatividad

Me gustaría revisar algunos de los comportamientos más comunes que me he encontrado en las personas clínicamente deprimidas. No conozco a nadie con depresión clínica que haya acudido a mis seminarios sin uno o más de estos comportamientos. Son el subproducto de delirios: expectativas y fantasías poco realistas que dan lugar al abecedario de la negatividad:

- Ira
- Agresividad
- Reproches

- Traición (sentimientos de)
- Crítica
- Desafío
- Desesperanza
- Desaliento
- Abandono y huida (deseo de)
- Frustración
- Odio
- Malhumor
- Pena/dolor
- Sentirse dolido
- Irritabilidad
- Irracionalidad

Como los seres humanos tienen cada uno de estos sentimientos emocionales, no vas a eliminarlos. No son tus enemigos, sino que son tus amigos.

La depresión no es una enfermedad, desde mi perspectiva. La depresión no es tu enemiga. Es *feedback* para hacerte saber que tienes unas expectativas poco realistas. Los psicólogos y los psiquiatras se oponen a esa idea, ya que reta su modelo actual de realidad basada en la falsa atribución y al mecanismo de su profesión para obtener ingresos, ya que puedes hacer esto por tu cuenta. Ninguna organización aniquilará las razones de su existencia.

Las causas de la depresión

Aquí tenemos algunas de las causas más comunes de la depresión:

1. Una expectativa poco realista de que otra persona viva de una forma unilateral. Imagina que te encuentras en una relación con alguien y que estás esperando que siempre esté animado y nunca desanimado; siempre positivo y nunca negativo; siempre alentador y nunca desafiante. ¿Puede serlo? No, pero si tienes esa expectativa (incluso aunque sea algo más que un 50/50), eso es

poco realista, porque va a expresar ambas caras. Además, tal y como hemos escuchado, un equilibrio entre el respaldo y el reto te permite crecer al máximo, ser resiliente y estar en forma.

2. Una expectativa poco realista de que los demás vivan de acuerdo con tus valores y fuera de los suyos. Tal y como hemos visto, la gente toma decisiones basándose en lo que cree que le proporcionará la mayor ventaja versus desventaja con respecto a sus propios valores superiores. Por lo tanto, si esperas que los demás vivan de acuerdo con tus valores, y no según los suyos, el abecedario de la negatividad saldrá a la superficie. Prácticamente todos los matrimonios actúan así: «Se supone que tienes que vivir de acuerdo con mis valores. Deberías estar haciendo esto». Siempre que oigas a alguien decir: «Deberías», «Tendrías que», «Se supone que», «Debes», «Tienes que» o «Has de», está proyectando, hipócritamente, sus valores sobre ti y esperando que vivas de acuerdo con ellos. Si dices esas mismas cosas, estás proyectando, hipócritamente, tus valores superiores sobre la otra persona, y esperando que te lea la mente y que haga lo que tú crees que es importante.

   No es de extrañar que estés deprimido. Tienes una expectativa poco realista. La otra persona no puede estar constantemente a la altura de tus valores. La única ocasión en la que puede parecer hacerlo es cuando está, inicial y temporalmente, locamente enamorada de ti, ciega y dispuesta a sacrificarse durante un corto período. Sin embargo, pagarás un precio, ya que siempre que se sacrifique por ti, lo guardará en su memoria, y a final acabarás pagándolo, ya que almacenará los sacrificios en su memoria y al final contraatacará con sus expectativas poco realistas. No es sí como va a vivir. Va a vivir de acuerdo con su propia jerarquía de valores, y no según la tuya.

3. La tercera es una combinación de las dos primeras. Esperas que la persona sea parcial *y* que viva según tus valores superiores. He visto a gente en mis seminarios en los que la esposa o el marido dicen: «Se supone que tienes que saber lo que quiero. Se supone que ya tendrías que saber lo que tengo en mi mente, y te castigaré hasta que lo averigües». En otras palabras, en lugar de dar tu

opinión y decir: «Ésa es mi expectativa» y ver si es realista y respetuosa, simplemente voy a castigarte mientras tanto.

He visto esto. Generalmente no da lugar a algunos de los resultados más inmediatamente satisfactorios, por supuesto. Es una receta para una dinámica de relación más que desafiante, pero también es un mecanismo de *feedback.* Si esperas que tu pareja viva de acuerdo con tus valores, vas a experimentar frustración y futilidad. No va a hacerlo, sino que va a vivir según su propio conjunto de valores. Si esperas que sea parcial, subjetiva, unilateral, eso también es poco realista, pero es una razón común por la cual la gente está deprimida. Si unes esos dos conjuntos de expectativas, obtendrás un doble revés.

4. La cuarta es una expectativa poco realista sobre que uno mismo viva de una forma unilateral. Llamo a esto la delusión de la actitud mental «siempre» positiva. Consiste en imaginar que eres positivo o que deberías pensar en positivo la mayoría del tiempo. Si lo haces, averiguarás que te estás mintiendo y que te has convertido en un hipócrita.

   No puedes vivir esforzándote por ser unilateral, parcial, subjetivo. Si lo haces, acabarás enfadado contigo mismo. Te sentirás orgulloso cuando seas positivo y avergonzado cuando no lo seas. Acabarás siendo un poco bipolar, ya que la adicción a los resultados parciales te desgarrará. Sé honesto contigo mismo: haz un inventario. Te encontrarás con que oscilas, pero tu mente tiene un punto psicológico marcado esforzándose por mantener la homeostasis.

   Por cierto, he conocido a muchos profesores o gurús de la autoayuda que promueven el pensamiento positivo. Conozco a muchos de ellos en persona. No siempre son positivos: son tanto positivos como negativos, igual que tú y yo y todos los demás. Si te estás comparando con tu suposición unilateral sobre ellos en lugar de honrar quién eres, es más probable que te deprimas. porque vas a vivir en la fantasía de que ellos son realmente así: ellos lo han averiguado y tú no; pero la realidad es que no son más que seres humanos con ambas facetas, como tú y como yo.

5. Una expectativa poco realista de ti mismo de vivir fuera de tus propios valores y dentro de los de otras personas. Tal y como hemos visto, cuando estás locamente enamorado de alguien, sacrificarás temporalmente lo que es importante para ti para estar con él. Al cabo de días o semanas, eso se atenuará. Querrás recuperar tu vida, y tu vida se basa en tu propio conjunto de valores, porque tu identidad y tu misión principal giran alrededor de tus valores superiores.

   No vas a ser capaz de vivir en los valores de otras personas. Tal y como he mencionado, muchas personas tienen la fantasía de alcanzar la independencia económica, pero no poseen la jerarquía de valores que las llevará a conseguirla. Si no le das un gran valor a servir, a generar un intercambio justo sostenible, a ahorrar, invertir y acumular activos que proporcionen más interés, no será probable que alcances la independencia económica, sino que seguirás gastando tu dinero en bienes de consumo que se deprecian que ocupan una posición superior en tu lista de valores, y seguirás permaneciendo económicamente lastrado o tendrás deudas. Sin embargo, si sigues teniendo unas expectativas poco realistas sobre el desarrollo de riqueza económica, es muy probable que acabes deprimido. Tu jerarquía de valores está tomando decisiones por ti, y si intentas vivir fuera de ellos será probable que padezcas uno o más aspectos del abecedario de la negatividad.
6. La sexta es una combinación del cuarto y quinto punto. Aquí estás esperando de ti tanto ser parcial como vivir de acuerdo con los valores de alguien a quien admiras. Emerson ya advirtió frente a ello: «La envida es ignorancia. La imitación es suicidio». Intentar ser alguien que no eres no va a funcionar, porque la magnificencia de quién eres de verdad es mucho mayor que las fantasías que te impones. Cuando vives de acuerdo con tus valores más elevados, tienes unas expectativas más realistas y satisfacción. Cuando intentas vivir de acuerdo con las expectativas de otras personas, eso es como intentar ser Elvis Presley. Serás el segundo intentando ser otra persona. ¿Por qué no ser el primero siendo tú?

7. La número siete es una combinación de las tres primeras y las tres segundas. Ahora recibes un doble puñetazo. Tienes la expectativa de que tanto tú como los demás estéis desequilibrados y seáis parciales, y esperas que todos vivan de acuerdo con los valores de otra persona. Ahora estás enfadado con los demás porque tanto ellos como tú no estáis satisfaciendo vuestras expectativas poco realistas de la realidad. Una vez más, estás generando una fantasía que la gente que hay en el mundo no puede satisfacer.
8. A continuación viene una expectativa poco realista de la gente del mundo en general, o de algún Dios antropomorfo local o universal, de vivir unilateralmente. He visto a gente rezarle a un Dios antropomorfo creado a imagen y semejanza de su propia imagen y sistema de valores para que los proteja de sus propias ansiedades. Rezan: «Querido Dios, dame todo lo que quiero. Protégeme de todo lo que no quiero». Ésa es, en parte, una delusión disociada, pero miles de millones de personas la llevan a cabo. Esperan que el mundo sea parcial y que satisfaga lo que quieren: paz sin guerra, positivo sin negativo, respaldo sin desafío, protección sin agresión. Cuando algo reta sus valores, se enojan y se disocian de ello.

   Crean una fantasía sobre cómo se supone que tiene que ser la vida, y se vuelven adictos a esa fantasía utópica. Por supuesto, hay muchos especialistas en ventas preparados para venderles el opio y la fantasía que buscan.
9. Una expectativa poco realista de que la gente del mundo en general o algún Dios antropomorfo local o universal vivan según tus valores. Imagina levantarte por la mañana y decir: «Querido mundo, querido universo, o Dios, quiero que todo el mundo satisfaga todo con lo que fantaseo y quiero. Por favor, ocúpate de eso». Eso es un poco ilusorio. Por supuesto, todos los demás están haciendo lo mismo, todos con un distinto conjunto de valores, por lo que o tienes un Dios loco que se encuentra en el caos intentando averiguar eso o padeces la delusión de que hay algún tipo de Dios antropomorfo que, de hecho, va a hacerlo.

   La probabilidad más razonable y sensata es que vayas a vivir de acuerdo con tu jerarquía de valores, y que todos los demás vayan a vivir de acuerdo con la suya. Cada organismo está intentando satisfacer sus mecanismos de supervivencia más básicos, y el mundo se basa en organismos vivos que están intentando sobrevivir y medrar.

Si tienes unas expectativas poco realistas, no habrá forma de que puedas satisfacerlas, y acabarás estando enojado, mostrándote agresivo y echándole la culpa al mundo. Este estado de ánimo no resiliente probablemente te dejará un poco deprimido, cuando menos.

En una ocasión trabajé con una mujer en Dallas cuyo hijo era un tipo dedicado al *motocross* que hacía saltos mortales y acrobacias de forma profesional. Solía rezar: «Querido Dios, protégele y evita que sufra lesiones». Estaba ansiosa y asustada, y rezaba todos los días. Cada día que su hijo no acababa lesionado, pensaba: «Dios le está protegiendo». Entonces, un día, sufrió un accidente grave y quedó prácticamente tetrapléjico.

Ahora, esta mujer estaba enfadada con ese mismo Dios que había creado en su mente: él no la protegía. Estaba deprimida, enojada y amargada, culpando a Dios. No quería ir a la iglesia, porque Dios le había fallado. Tenía una expectativa poco realista porque había estado rezándole a una imagen de fantasía antropomorfa imaginaria que ella había creado en su mente, y estaba deprimida.

Su hijo fue entonces a un quiropráctico, le estabilizaron, empezó a recuperar sus funciones nerviosas y al final se recuperó por completo.

Cuando quedó inspirado por los sorprendentes resultados de los cuidados de su quiropráctico, decidió convertirse en quiropráctico, consiguió su doctorado y abrió una clínica y desarrolló una consulta viable. Entonces empezó a patrocinar eventos de *motocross*. Su madre empezó a decir: «Oh, puede que Dios hiciera algo bien, después de todo».

De forma similar, la gente tiene a veces expectativas poco realistas del mundo o de la sociedad en general, incluyendo a los políticos y a la gente que ostenta el poder, o incluso a su dios antropomorfo.

10. Ésta es una combinación de la octava y la novena. Tienes una expectativa poco realista a una escala superior, con respecto a la gente y a la sociedad en su conjunto, con respecto al mundo en general o a algún Dios antropomorfo, y también estás esperando que todos ellos vivan de acuerdo con tus valores.
11. La número once es una combinación de la número tres, la seis y la diez. Ahora estás yendo hacia una depresión mayor en todo su esplendor. Probablemente, a estas alturas seas un candidato al suicidio, ya que vives en una completa delusión sobre cómo se «supone» que tiene que ser la vida o cómo va a ser.
12. Unas expectativas poco realistas de que los objetos mecánicos funcionen unilateralmente. Probablemente te hayas enfadado con tu ordenador o con el mecanismo de apertura de la puerta de tu garaje. Si esperas que cualquier objeto mecánico haga algo distinto de aquello para lo que fue diseñado, vas a sentirte molesto.

    Si no le echas combustible a tu coche y se queda parado en la carretera, te enfadarás con él: «¡No puedo creerme que este coche me haya hecho esto!». Tienes una expectativa poco realista de que el objeto mecánico hará algo distinto de aquello para lo que fue mecánicamente diseñado.
13. También podrías tener una expectativa poco realista de que los objetos mecánicos vivan de acuerdo con tus valores. He conocido a gente que, pese a saber que está gastando excesivamente, entra en Internet y se pone furiosa con el ordenador por no darle un flujo financiero positivo. No se está fijando en sí misma y en sus acciones, sino que está culpando al ordenador o al banco. Siempre que seas poco realista o estés desequilibrado con respecto a tus expectativas, vas a mostrarte airado, agresivo y a echar culpas. Te sientes traicionado, criticado, retado, desalentado y deprimido. Quieres largarte y escapar de la situación, te sientes frustrado y fútil, y vas a estar malhumorado y afligido, pero lo has generado tú.

La depresión clínica es una comparación de tu realidad actual, que está equilibrada, con una expectativa poco realista, una fantasía, que está desequilibrada. Estás asumiendo que, si todas estas expectativas poco realistas sucediesen de verdad, serías feliz. La adicción a esa fantasía está conduciéndote a tu depresión.

A la gente que acude a mis seminarios y que está clínicamente deprimida, sus psiquiatras le han dicho que necesita medicación porque sufre un desequilibrio bioquímico. Vienen a mí y yo les digo:

—Así que estás clínicamente deprimido, ¿verdad?

—Sí, durante los dos últimos años. No he sido capaz de ser funcional. He dejado de trabajar.

Me aseguro de que no tengan un seguro por incapacidad o de que el ejército no cubra económicamente ese problema, porque si van a obtener más dinero de la incapacidad del que están ganando en el trabajo, muy probablemente no quieran regresar a un empleo que les proporcione menos. Si no es así, me siento y hago preguntas para apaciguar sus expectativas poco realistas sobre cómo los demás, ellos mismos o el mundo tienen que ser y para que aprecien su realidad actual tal y como es, lo que a veces diluirá su depresión en el seminario de forma bastante eficaz.

Famoso por la depresión

Permíteme explicarte cómo disolver estas fantasías. En un cierto momento me encontraba en el Swiss Hotel, en Sídney, hablando con una mujer que dijo:

—Tengo un amigo que, durante un tiempo estuvo clínicamente deprimido, pero ahora se ha vuelto bastante famoso por su depresión. Publicó un libro y entrevistó a algunas celebridades que también estaban experimentando depresión. Es conocido por estar implicado en una causa para ayudar la gente con depresión. Estuvo a punto de suicidarse, y acabó medicándose. Se recuperó sin prisa pero sin pausa, y ahora está activo. Me gustaría que hablara con él.

Me reuní con él en el hotel. Tras una breve presentación y algunas preguntas para entrar en sintonía, le pregunté:

—Ahora eres un líder en el campo de la depresión. ¿Crees que es una ventaja para ti conocer cada posible herramienta que podría ayudar a la gente con depresión?

—Sí.

—Si pudiera hablarte de una posible alternativa, de una forma nueva de lidiar con la depresión, ¿podría ser que te gustara conocerla?

—Si hubiera algo ahí fuera, lo conocería. He estado estudiando este campo y estoy a la última, así que no hay nada que no haya visto.

—¿Y si lo hubiera? ¿Estarías dispuesto a escuchar algo al respecto?

—¿De qué se trata?

—Consiste en una serie de preguntas que hacerte a ti mismo.

—Sí, ya lo sé, cosas cognitivas. Nada de eso funciona. Lo único que ha funcionado es la medicación.

—¿Qué pasaría si hubiese algo que pudiera empoderar a la gente sin depender de un fármaco? ¿Te mostrarías por lo menos receptivo a escucharlo?

Estaba siendo patrocinado, en parte, por la industria farmacéutica, por lo que estaba yendo contra sus intereses. Se mostró un poco reacio.

Pensé: «Voy a ir a por su yugular». Le dije:

—¿Te molesta si te hago una demostración a ti mismo sobre tu propia vida?

—¿Cómo?

—¿Me harías un favor y retrocederías, sencillamente, a cuando estabas deprimido y con tendencias suicidas y querías quitarte la vida? Simplemente ve a ese momento en tu mente.

—Preferiría no hacerlo.

—Por favor. Sólo quiero compartir contigo algunas preguntas esclarecedoras. Te prometo que valdrá la pena.

—De acuerdo.

Regresó al momento en el que estaba pensando en quitarse la vida y estaba sintiéndolo de verdad.

En ese momento, dije:

—La depresión es una comparación de tu realidad actual con una fantasía: una expectativa poco realista que no se está dando. Si tienes una fantasía, tu vida se convierte en una pesadilla, ya que estás luchando por un polo unilateral, y el otro polo te abofetea. Así pues, vayamos a ese momento. ¿Estás ahí? En ese momento, cuando ibas a quitarte la vida, estabas comparado tu vida con lo que desearías que fuese. No está sucediendo. ¿Cuál es la expectativa que tenías en ese momento y que no se satisfizo?

—Sé de qué se trata –dijo–. Tenía un trabajo en una empresa. Estaba ascendiendo por el escalafón y estaba a punto de llegar hasta donde quería en términos de mi puesto, ya que el tipo que estaba ocupando ese puesto iba a irse. Simplemente sabía que era la persona idónea para ese trabajo, pero la compañía contrató a alguien externo y le metió en ese puesto. Eso me cabreó inmensamente. Hice lo que pude para intentar desgastar a ese tipo, y empezamos a chocar. Me despidió, pese a que pensaba que no podían despedirme. De repente estaba fuera, y estaba airado y amargado. Estaba enfadado y agresivo. Echaba culpas y me sentía traicionado. Criticaba y desafiaba. Me sentía desesperado y deprimido. Tenía odio y dolor en mi mente. Como resultado de ello, entré en una depresión y quise quitarme la vida, ya que mi puesto ideal (mi fantasía) y mi mundo me fueron arrebatados.

—Retrocedamos a ese momento –le dije–. Si hubieses conseguido el puesto que estabas esperando, ¿cuáles habrían sido las desventajas?

—No habría habido desventajas.

—De acuerdo con mi definición, un resultado unilateral y completamente positivo es una fantasía. Mientras no veas inconvenientes en tu mundo de fantasía sobre cómo tendría que haber sido, habría sido, o podría haber sido, no apreciarás tu vida en comparación. Eso no es real. Lo que es real es lo que sucedió. Así pues, ¿cuáles habrían sido los inconvenientes?

Hice que lo revisara todo y que identificara inconveniente tras inconveniente: aquéllos de los que estaba seguro, y no de especulaciones. Le pregunté:

—Si hubieses conseguido ese puesto, ¿qué sueldo hubieras tenido? –Me lo dijo–. Veinte años después, ¿cuál hubiera sido? –También me contestó a eso–. En este preciso momento, eres un autor superventas que se codea con celebridades y que obtiene una financiación de respaldo. ¿Dónde te encuentras ahora? –Me dio una cifra tres veces superior.

—¿Habrías alcanzado el estatus de una celebridad?

—No.

—¿Habrías escrito un libro?

—No.

—¿Habrías llegado a conocer a toda la gente que has conocido?

—No.

—¿Dispondrías de la plataforma de la que dispones en la actualidad?

—No.

—¿Dónde te encontrarías?

—Trabajando para alguien, atrapado en un maldito empleo con unos ingresos más fijos.

De repente, empezó a ver los inconvenientes de su fantasía que hasta ese momento nunca se había cuestionado y a los que nunca se había enfrentado. No me detuve hasta que las ventajas igualaron a los contratiempos en su vida actual, y la fantasía quedó despedazada. Nivelé el campo de juego hasta el punto en el que no quedó nada excepto el agradecimiento por el suceso y por su vida actual.

—Ahora intenta encontrar tu depresión –proseguí–. Te reto a encontrarla. Simplemente intenta acceder a ella con tu mente.

No pudo. Dijo:

—En este preciso momento no puedo llegar a ella.

—La única razón por la cual podías llegar a ella antes era porque estabas manteniendo una expectativa poco realista y una fantasía. El cerebro/la mente intenta conservar la homeostasis tras haberse visto polarizado, por lo que no podrás tener una fantasía sin una pesadilla que la acompañe. No sientes euforia sin una depresión, una filia sin una fobia, ni ningún imán que sólo tenga un polo. La gente que abraza ambos polos simultáneamente es la que la que sale allá fuera y hace algo extra con resiliencia, y la gente que lucha por un lado es abofeteada por el otro.

Ésos son los golpes duros. La fantasía es sencilla y fácil: la gratificación inmediata: «Quiero respaldo sin desafío. Quiero amabilidad sin recibir lo cruel». No sufres una deficiencia de fármacos.

—No padeces la causa de un desequilibrio bioquímico, aunque puede que haya una correlación –proseguí–. Se desequilibró porque en tu mente subconsciente almacenaste una fantasía inconsciente dividida y una pesadilla consciente. Eso genera ruidos en el cerebro, lo que hace que salgas de tu centro ejecutivo. Te cierras y desciendes hacia la amígdala. Entonces estás luchando por lo que es inalcanzable y estás intentando evitar lo que es inevitable.

»Has estado tomando medicación, pensando que sufres un desequilibrio, pero el desequilibrio es un mecanismo de *feedback* que te está haciendo saber que te has salido de tu misión basada en tu valor más elevado. En este preciso momento te encuentras en tu misión y ni siquiera la has reconocido.

—Eres bastante convincente –dijo.

La crisis de este hombre era su bendición, ya que había estado atrapado en un trabajo en aras de la seguridad, en lugar de llevar a cabo una búsqueda más significativa que fuera inspiradora e importante, como estaba haciendo ahora. La persona que se quedó con su puesto, que él pensó que era malvada, era un ángel de incógnito.

—Ahora he iniciado en tu interior un reto o un problema potencial –proseguí–, porque estás promoviendo un desequilibrio bioquímico y un modelo farmacéutico que, en muchos, por no decir en la mayoría, de los casos puede que no sea la causa real. Quizás la correlación, pero no la causa, y posiblemente vas a distraer a la gente de que reclame su poder. Puede que no quieras volver a verme, pero una amiga me sugirió que te conociese para que te dijera todo esto, porque tienes influencia y posiblemente podrías lanzar mensajes.

Deprimido en Sudáfrica

En una ocasión, una mujer asistió a mi seminario de la Experiencia Descubrimiento en Sudáfrica. Era del Este de Europa y se había casado con un hombre y se había ido a vivir a Sudáfrica. Afirmaba que estaba gravemente deprimida y tomando medicación para su desequilibrio bioquímico. Dije:

—Cuando estás deprimida, estás comparando su realidad actual con alguna expectativa que es poco realista y que ciertamente, no es real en este preciso momento. Así, ¿con qué estás comparando tu vida actualmente insatisfecha?

—Me mudé a otro país –dijo la mujer–. Tenía a un hombre que me prometió muchos beneficios y un ascenso en mi estilo de vida si me mudaba, pero no cumplió su promesa. No hizo lo que dijo que iba a hacer. Tuve un hijo con él y luego me dejó. Ahora estoy atrapada. No tengo dinero ni un trabajo, y no he podido hacer lo que de verdad quiero hacer, que es arte y pintar.

—¿Con qué estás comparando tu aprieto actual percibido sobre la vida?

—Habría sido feliz si simplemente me hubiera quedado en mi casa y nunca hubiese conocido a ese hombre.

—Así, si te hubieras quedado en tu casa en ese país y nunca hubieses conocido a ese hombre ni hubieras experimentado este escenario más ideal, ¿cuáles serían algunos de los inconvenientes?

—No habría ningún inconveniente. Sería feliz.

—Hay generalmente dos caras en los eventos de la vida: la cara de los beneficios y la de los inconvenientes. ¿Cuáles serían algunos de los inconvenientes de haber hecho eso? –Tuve que empujarla y agitarla un poco para llegar a la verdad real y más objetiva.

—Me encontraría en una región del mundo que estaría incluso más deprimida socioeconómicamente. Probablemente estaría atrapada en ese país. Probablemente nunca hubiera tenido las oportunidades que tuve cuando vine a Sudáfrica. No hubiera tenido a mi hijo –Cuando dijo eso, empezó a llorar a gritos.

Podría haber tenido otro hijo, pero no tenemos pruebas de que eso hubiera supuesto algo más genial o satisfactorio. Podemos mantener fantasías sobre cómo debería haber sido, podría haber sido y habría sido la vida, pero, una vez más, la realidad es lo que está sucediendo. Si no puedes ver cómo tu realidad actual es un beneficio y dejas de compararla con fantasías sobre cómo podría haber sido, no vas a apreciar tu vida tal y como es real y actualmente.

Hice que la mujer se enfrentase a los contratiempos sobre lo que habría sucedido si se hubiera quedado en su país natal y con los beneficios de irse a vivir a Sudáfrica. Le ayudó a volverse independiente. Si hubiera tenido a un hombre que se hubiera ocupado de ella ahí, quizás no hubiera obtenido su educación adicional ni su carrera artística.

La ayudé a identificar las desventajas de su fantasía y los beneficios de su realidad actual hasta que de sus ojos brotaron lágrimas de gratitud. Me dio un gran abrazo y me dijo:

—No me siento deprimida en este momento.

—No, porque tu depresión se debía a la comparación de tu realidad actual con una fantasía a la que te estabas aferrando sobre ti misma, u otras personas, y tu país de origen.

Aunque puede que a la gente le hayan dicho que padece un desequilibrio bioquímico, podría estar almacenando delusiones subconscientes, expectativas poco realistas, enfados y polaridades que estén alterando su bioquímica. Si las trabajas metódicamente, paso a paso, puedes llevar a cabo transformaciones sorprendentes y ayudar a la gente a superar su supuesta depresión.

Una vez más, puede que haya casos reales de desequilibrio bioquímico, pero son mucho más raros de lo que nos dicen. Mucha más gente de lo que es esencial u óptimo está medicada. He visto a gente dejar la medicación y no regresar nunca a ella una vez que ha aprendido a despejar sus fantasías y expectativas poco realistas y ha empezado a apreciar su presente.

Además, si te sometes a este proceso, empoderarás tu vida. Te convertirás en un maestro del destino, y no en una víctima de la historia. Te empoderas viviendo congruentemente con tus valores superiores en lugar de vivir en la fantasía e intentar obtener una gratificación inmediata de los impulsos de tu amígdala. Despierta, empodérate y equilíbrate, y observa lo que le sucede a tu fisiología y psicología y mira cómo te vuelves más resiliente.

Si has estado deprimido, no tienes por qué seguir estándolo. Hay percepciones, decisiones y acciones que puedes llevar a cabo por tu cuenta para empoderar tu vida. He intentado proporcionarte algunas ideas sobre cómo hacerlo.

Una vez más, la calidad de tu vida está basada en la calidad de las preguntas que te haces. Si formulas preguntas que aportan equilibrio a tu mente, te liberas de las fantasías y las polaridades emocionales, de modo que puedes apreciar tus realidades. La magnificencia de quién eres es mucho mayor que cualquier fantasía que te impongas nunca a ti mismo.

Capítulo 7

Sobrellevando la ansiedad

Puede que te hayas enfrentado a una situación en tu vida en la que te sintieras ansioso, fóbico o preocupado por el futuro, así que me gustaría hablar acerca de qué es la ansiedad y qué puedes hacer para solucionarla. He estado trabajando con este problema desde hace muchos años, y puede que lo que comparta parezca bastante novedoso. Probablemente no encontrarás esta información en ningún otro lugar.

Vaqueros azules, camisa blanca

Digamos que eres un niño y que ves y oyes cómo tu madre y tu padre se están peleando. Tu padre se pone agresivo y empieza a golpear a tu madre, y ella se pone a gritar. Tú no quieres ver ni oír eso. Sales corriendo a tu habitación, te escondes debajo de la cama, cierras los ojos y te tapas los oídos. Intentas dormirte así para evitar la experiencia.

A la mañana siguiente, te despiertas y la pelea ha acabado, pero sigues teniendo una experiencia almacenada subconscientemente de este evento que asumes que sólo fue doloroso que viste la noche anterior.

Digamos que vas a comprar comida con tu madre al día siguiente. Ves a un hombre en el pasillo que lleva unos vaqueros azules y una camisa blanca, que es lo que tu padre vestía durante la pelea. Esas prendas con los mismos colores desencadenan una asociación que te hace recordar ese evento. En realidad, no estás prestando atención al hombre que está pasando a tu lado, pero captas las señales asociadas de los colores de las prendas, que están diciendo: «Hay algo de este hombre con lo que no me siento cómodo». Has establecido asociaciones en tu cerebro debido a la similitud de los vaqueros azules y la camisa blanca de este hombre.

Digamos que tu padre tiene el cabello castaño. Un día después, puede que veas a un hombre caminando que vista unos vaqueros azules, una camisa blanca y que tenga el cabello rubio, no castaño. Ahora, cada vez que ves a un hombre con unos vaqueros azules y una camisa blanca y que tiene el cabello rubio, no te sientes cómodo con él.

Las asociaciones pueden ser visuales o auditivas, o proceder de cualquier otra modalidad de estímulo sensorial primario. Probablemente recuerdes momentos en los que la voz de alguien te recordaba a alguien en quien no confiabas porque esa persona te mintió o no hizo lo que dijo que iba a hacer. Como resultado de ello, esa voz puede desencadenar una sensación de ansiedad y de repliegue en ti. Las asociaciones también pueden tener que ver con los olores o los sabores. Alguien puede que lleve un perfume que te recuerde a una persona con la que rompiste hace veinte años y que, como consecuencia de ello, no te guste esa persona.

Pueden desarrollarse capas sobre capas de asociaciones. Las asociaciones pueden ser primarias, secundarias o terciarias. La ansiedad es un complejo de asociación secundaria o terciaria en el cerebro por el cual un conjunto de estímulos desencadena respuestas inconscientes ante un evento inicial que se consideró doloroso o amedrentador. Prácticamente cualquier cosa que sea extremadamente dolorosa podría dar pie a asociaciones secundarias, generando ansiedad.

He conocido a gente que bebía alcohol y pasaba un buen rato. Entonces, de repente, la policía hizo una redada y la metió en la cárcel. La próxima vez que ve una botella de alcohol, piensa inmediatamente en ese evento: «No puedo tocar el alcohol después de eso. Simplemente no quiero tocarlo. Hace que se me revuelva el estómago», porque casi vomitó cuando entró en la cárcel.

También podrías establecer unas asociaciones placenteras. Puede que llegue alguien a tu vida que te recuerde a un antiguo amante que puede que fuera increíblemente amable contigo pero que se mudara de la ciudad. Ahora te sientes atraído por alguien que tiene el mismo aspecto u olor.

Los desequilibrios de la percepción

Como muchos de los problemas que ya hemos explorado, las ansiedades se deben a nada más que a desequilibrios de la percepción y a sus asociaciones compuestas posteriores. Una fobia es una suposición de que están por venir más dolores que placeres, más cosas negativas que positivas, más pérdidas que beneficios. Tanto las fobias como las filias pueden desencadenar respuestas de asociaciones secundarias y terciarias. Padeces un trastorno de positivo de fantasía o negativo de ansiedad. El trastorno positivo de fantasía recibe a veces el nombre de *gancho o anzuelo*, que nos hace repetir las mismas conductas impulsivas.

Los trastornos emocionales del ánimo son resultado de una información de la que no disponemos. Careces de o eres inconsciente de o ignoras los inconvenientes que hay en la filia o la fantasía, y careces de o eres inconsciente de o ignoras los aspectos positivos de la fobia o la ansiedad. De hecho, el trastorno tiene un orden oculto subyacente una vez que descubres la información faltante. Experimentar el desorden te ofrece una oportunidad de volverte consciente de aquello de lo que todavía no te has vuelto conscientemente consciente. Una vez que eres consciente de ello, logras reequilibrar tu mente y recuperar la conciencia del amor siempre presente que rodea e impregna tu vida. Te está ofreciendo *feedback* para ayudarte a volverte más empoderado, auténtico y resiliente.

Las adicciones pueden ser provocadas por percepciones de placer con sus asociaciones secundarias o terciarias. La gente lo hace con la comida y también con las relaciones. Tienen los mismos patrones y ciclos que en el caso de la ansiedad y las fobias. Sin embargo, normalmente no huimos de esas cosas y decimos que son malas, ya que las adicciones son placeres o ventajas que seguimos buscando. Buscamos ayuda para las ansiedades, pero los ganchos positivos son igual de disruptivos para nuestra vida o lo son a un nivel igualmente desafiante para el organismo.

¿Qué hacer con respecto a estas asociaciones basadas en la supervivencia, generadoras de impulsos o instintos, positivas o negativas? Para empezar, para cada asociación que hayas establecido, tu cerebro implementa una antiasociación. En otras palabras, cuando has experimentado una experiencia traumática o dolorosa que crees que te ha «provocado» dolor sin placer, te disociarás de ello. Usando la iconografía de tus experiencias anteriores, tu cerebro/mente generará una imagen de fantasía de placer sin dolor para compensar, y con el fin de la homeostasis fisiológica y psicológica.

Una vez más, las pesadillas rara vez se dan sin unas fantasías que las acompañen. La mente equilibra las parejas de opuestos. Sin embargo, normalmente nos volvemos conscientes de una de ellas e inconscientes de la otra. Si somos conscientes de los aspectos negativos, junto con asociaciones secundarias y terciarias, y somos inconscientes de los aspectos positivos, podemos generar un trastorno de ansiedad. Diseñé las preguntas que se encuentran en el Método Demartini que ayudan a la gente a volverse consciente y a estar al tanto de aquello de lo que es inconsciente para así equilibrar su ecuación mental.

El placer al lado del dolor

Digamos que puedo mostrarte, exactamente, el momento en el que el placer estaba junto al dolor, donde el beneficio estaba al lado. Entonces puedo disolver esa ansiedad. Es bastante sorprendente lo rápidamente que se puede hacer esto. Cuando experimentas ansiedad, las asociaciones en tu cerebro simplemente se han amontonado, de modo que el otro lado de la ecuación, el otro lado del imán, no te ha sido revelado.

Con la ansiedad eres consciente de los aspectos negativos e inconsciente de los positivos. Si el evento primario, o las asociaciones secundarias o terciarias no se equilibran simultáneamente, pueden almacenarse en la mente subconsciente y seguir desarrollando, progresivamente, bucles crecientes, haciendo que sientas todavía más ansiedad. He visto a gente ponerse ansiosa hasta el punto en que muchos estímulos sutiles aparentemente inocuos desencadenan su ansiedad, y viven con este miedo todo el tiempo.

No tiene por qué ser así. Lo que yo hago es muy sencillo. Dirijo a la persona para que vaya a ese momento en el que se percibió experimentando un evento que consideró doloroso, repulsivo o traumático. Toma cualquier cosa que relaciones, en el cerebro, con una respuesta repulsiva, pormenorízala y entra en el momento del episodio. Puede que digas: «No quiero regresar y recordar eso». Sin embargo, es de gran valor hacerlo, ya que, si regresas y te haces presente en ese momento, tu intuición tendrá acceso al otro lado compensatorio, que te libera del recuerdo desequilibrado.

La revista *Neuron* tenía un precioso artículo que hablaba de los recuerdos y los antirrecuerdos. Decía que el cerebro, cuando tiene un recuerdo, inhibirá o facilitará ciertas vías neuronales y sus funciones resultantes. Al mismo tiempo, generará un antirrecuerdo que facilitará o inhibirá otras funciones para equilibrar ese recuerdo y así mantener la química y la electricidad del cerebro equilibradas y para salvarla del ruido, la electricidad estática o el caos cerebral. Cuando la gente no está equilibrada, puede acabar con un comportamiento esquizoide, trastornos bipolares y otras preocupaciones neurológicas.

Haciéndote presente y buscando el momento exacto en el que te percibiste a ti mismo o a otra persona mostrando las características y la acción concretos que te desagradan o evitas, pormenorizas el contenido del episodio. ¿Qué hay exactamente ahí? ¿Qué estás viendo en realidad? ¿Qué estás oyendo? ¿Qué estás oliendo? ¿Qué estás saboreando? ¿Qué estás sintiendo? Obtén tantos detalles como sea posible: el contenido, el contexto, el dónde, el cuándo, el qué. ¿Qué está sucediendo exactamente y a quién están haciéndole esto? ¿Eres tú u otra persona? ¿El yo u otro? Una vez que dispongamos de esa información, podrás, entonces, permitir que tu intuición revele su opuesto complementario o cambiar de lado y encontrar la información exacta del antirrecuerdo. Te encontrarás con que tu cerebro habrá experimentado exactamente lo contrario al mismo tiempo, pero tú no eras consciente de ello.

Cuando hago esto para otras personas, es increíble. La gente dice: «No tenía ni idea de que esta información se encontraba aquí». La mente mantiene un par completo de opuestos, pero lo dividimos en partes conscientes e inconscientes.

Tal y como hemos visto, las llamadas «disfunciones» mentales son resultado de un desequilibrio, al percibir los beneficios sin los inconvenientes o viceversa. Sea como fuere, a la mayoría de la gente le lleva algo de tiempo superar el desequilibrio y descubrir el otro lado. Sin embargo, puedes tener la sabiduría de los tiempos (sin el proceso de envejecimiento) viendo ambas caras simultáneamente, cosa que puedes hacer si formulas las preguntas óptimas tal y como diseñé en el Método Demartini. De hecho, tu intuición está intentando señalarte la otra cara. Si te fijas cuidadosamente y te haces presente en el momento, tu intuición la hará aflorar.

Usando el Método Demartini para lidiar con estas ansiedades y miedos, he averiguado que ambos lados son simultáneamente accesibles al cabo de tres segundos de hacerse presentes en el momento. Sin embargo, es aconsejable que te sumerjas en un momento puntual: los detalles del contexto, el contexto, el dónde, el cuándo, etc., para despertarlo.

El momento del trauma

La mente tenderá a disociarse de cualquier cosa que se perciba como una tortura o algo traumático, y generará una asociación simultánea de éxtasis para compensarla. He atendido a gente que ha sido golpeada y quebrada: ha iniciado una respuesta de paralización, ha disociado y ha creado fantasías compensatorias para sobrevivir, pero no se ha dado cuenta de lo que estaba haciendo hasta que la llevé de vuelta al momento del trauma percibido, cuando su mente disoció y generó una fantasía para sobrevivir y mantener la homeostasis en el cerebro/la mente. Esto sucede en los casos de palizas, violaciones y accidentes de coche. Cuando tienes un dolor sin placer, la mente generará, automáticamente, un opuesto disociado: un placer sin dolor para equilibrar a la mente.

En un caso, llevé a una mujer de vuelta al momento en el que estaba intentando suicidarse. Estaba pensando que la vida no encajaba con cómo ella quería y fantaseaba que fuese, por lo que quería ponerle fin. Estaba metiéndose una sobredosis de heroína, y su mente disoció y creó la fantasía completamente opuesta de su presunta vida traumática percibida. Se sentía responsable del divorcio de sus padres. No sabía cómo gestionar la idea (pese a que no estaba basada en hechos) de que era responsable de la separación de sus progenitores. Siendo adolescente, empezó a beber y tomar heroína para huir de su sentimiento de responsabilidad por la ruptura: la subducción. Cuando hice que regresara a ese momento de su intento de suicidio, su mente estaba disociada y tomaba de la mano a su madre y su padre en su mente en su mundo de fantasía. Estaban paseando por un campo con mariposas y pájaros, y ella estaba imaginando una vida de fantasía, con sus padres juntos, y ella estaba sosteniendo sus manos y manteniéndolos juntos. Tuvo un antirrecuerdo completo en marcha para equilibrar su recuerdo. Sentía que estaba causando la separación de sus progenitores en su triste recuerdo, pero en su mundo de fantasía, su antirrecuerdo, estaba uniéndolos y situándolos en un estado de gozo.

Tristeza, gozo. Dolor, placer. La mente los tiene ambos simultáneamente en forma de recuerdo y antirrecuerdo. Si percibes los inconvenientes sin las ventajas y relacionas cualquier cosa con eso, puedes tener respuestas de fobia o de ansiedad. Si percibes la ventaja sin percibir el inconveniente, puedes manifestar respuestas fílicas, de fantasía, como conductas adictivas. Si puedes verlos ambos al mismo tiempo, toda la dinámica se despliega y te vuelves presente y sientes gratitud y amor.

Cuando le mostré a esta mujer el momento exacto en el que se encontraba en esta tortura, vio dónde se encontraba su fantasía y las unió. Estalló en un llanto y se dio cuenta de que su mente no estaba torturada, sino que, de hecho, se trataba de un acto simultáneo de equilibrado. Defino el amor como un acto de contrarios reensamblados sincrónicamente. De repente, se sintió amada, se volvió a sentir plena.

Cuando estoy trabajando con alguien que sufre ansiedad, entro en el momento real del suceso inicial que se percibe que está provocando dolor y miedo. Puedo mostrarle dónde está la otra cara y hacer surgir el presunto trauma de tortura original o lo que sea que haya iniciado el miedo. Una vez que se ha neutralizado y le muestro ambas caras, no tiene un recuerdo de un dolor sin un placer, o de un placer sin un dolor. Ve el equilibrio. Se siente apreciado y amado en ese momento. Se da cuenta de que no hay nada que arreglar. Descubre un orden oculto dentro de su aparente desorden. Ha descubierto y se ha vuelto conscientemente presente con la información de la que carecía antaño.

Muchas veces, si puedo o si se me permite el acceso al suceso original, y lo neutralizo, los eventos secundarios que surgen en cascada simplemente se disuelven. Si obtengo sólo una asociación secundaria o terciaria, o un desencadenante más tardío, puedo pelarlo por capas, como si fuera una cebolla y regresar al original. Sea como fuere, acabo llegando ahí. A veces, si me estoy ocupando de una asociación secundaria o terciaria, quizás vaya hacia ella y la despeje. Luego paso al siguiente recuerdo, encuentro el antirrecuerdo y lo despejo. Puedo hacer esto capa por capa, regresando, al final, al evento original, si hay un recuerdo de ello, o puedo simplemente retroceder al suceso original.

Digamos que has estado en una casa en la que se ha producido un incendio. Hay humo en la casa y te estás asustando: la puerta está cerrada, no puedes salir y estás experimentando ansiedad y miedo. Puedo hacerte pasar por cada momento en tu mente, fotograma a fotograma. Si junto cada uno de tus recuerdos y antirrecuerdos, segundo a segundo, fotograma a fotograma, recorriendo todo el camino hacia atrás hasta que hayas pasado por toda la experiencia, te garantizo que no sentirás ansiedad ni podrás sentirla.

Cuando hago esto con la gente, se queda deslumbrada. A veces la han tratado por trastorno de ansiedad durante meses o años, pero nadie ha llevado nunca las parejas de opuestos a su cerebro al mismo tiempo. En cuanto lo haces, todo se disuelve, todo acaba.

El proceso puede parecer difícil si nunca lo has llevado a cabo, pero te aseguro que es metódico, es secuencial y funciona. Mientras estemos reprimiendo lo inconsciente, una herramienta así puede ayudarnos a llevar las percepciones inconscientes que hacen de contrapeso simultáneamente al nivel consciente para despertar la plena consciencia, que a veces recibe el nombre de *mindfulness*.

Obtén todos los detalles

Repasemos esto de nuevo. Ve al momento en el cual te percibiste a ti mismo o a otros mostrando o manifestando un rasgo, acción o inacción que desprecies, te desagrade u odies, por el que sientas resentimiento, o evites, que encontrases negativo o doloroso. Ve a ese momento. ¿Estás ahí? ¿Dónde te encuentras? ¿En qué momento te encuentras? ¿Qué está sucediendo exactamente? ¿Cuál es el contexto? ¿Qué lo está impulsando? ¿Qué es lo que se ve? ¿Cuál es el sonido? ¿Cuál es la sensación? ¿Cuál es el olor? ¿Cuál es el sabor? Obtén tantas categorías como puedas. Consigue tantos detalles como puedas. Anótalos.

Una vez lo hayas anotado, toma lo opuesto. Si es una habitación oscura, ¿dónde está la luz? Si hay ruido, ¿dónde está el sonido más suave? Si se mueve rápidamente, ¿dónde es lento? El antirrecuerdo estará ahí para equilibrar el recuerdo. En el momento en el que tengas conocimiento de los dos al mismo tiempo, tendrás plena consciencia. Tu intuición está intentando, constantemente, revelarte este equilibrio; y te aseguro que la plena consciencia no padece ansiedad. Desvela y revela un enredo especial y temporal de contenido y anticontenido en la mente sincrónicamente.

Hice esto recientemente con una mujer joven que estaba sufriendo un trastorno de ansiedad debido a un evento perceptualmente «traumático» que se había producido mientras estaba de fiesta con sus amigos en una esquina, en la calle. Este suceso trágico hizo que tuvieran que llevarla al hospital. Acabó teniendo palpitaciones cardíacas. Empezó a sufrir ansiedad y le recetaron medicación y fue un tanto dependiente de ella.

Estaba padeciendo estallidos de ansiedad emocional y no quería salir de casa e interactuar con la gente porque estaba experimentando asociaciones secundarias en cascada que desencadenaban miedo.

Su madre me la trajo, y pasé metódicamente por cada pequeño momento, uno por uno, del episodio «traumático» inicial que ella afirmaba que había desencadenado la reacción de ansiedad. Tomamos cada fugaz porción de tiempo, aplicamos el Método Demartini, encontramos la otra cara y llevamos la plena consciencia a su conciencia. Entonces dije:

—Ahora que ves ambos lados o caras juntas, ¿cuál es tu representación en tu cerebro?

—No tengo ansiedad. No me asusta.

—No, porque ves ambas caras. Ahora mira si puedes iniciar tu respuesta a la ansiedad. Mira si puedes pensar en algo que podría desencadenarla.

Ella simplemente me sonrió y dijo:

—No puedo hacerlo.

—No, no puedes porque tu cerebro ya no tiene una percepción unilateral, que inició el instinto de ansia o fóbico a evitar. Ambas caras han sido traídas a tu conciencia, de modo que el problema ha acabado.

Es duro creer que a la mayoría de la gente no le hayan enseñado esto. Muchos ni siquiera creen que haya otra parte, inconsciente, de la mente que contiene la otra cara de la experiencia. Sin embargo, una vez que lo sabes, es revelador. En la práctica, ambas caras están activas, pero seguimos dividiendo nuestras experiencias con separaciones de consciente-inconsciente. Sesgamos subjetivamente nuestra percepción e ignoramos la mitad de lo que hay ahí. Como resultado de ello, tenemos una emoción que nos está distrayendo en lugar de darnos cuenta de que hay un acto equilibrante de amor que está dándose en cada momento de nuestra vida.

Si junto el contenido positivo y negativo, asociado y disociado, ambos se disuelven, y simplemente hay un estado centrado, calmado, sereno, presente y neutro. Cuando te das cuenta de eso, es muy empoderador. Una vez que aprendes a hacer esto, te das cuenta de que, independientemente de lo que suceda en tu vida, tienes el poder de despertar lo inconsciente, de llevarlo a la consciencia, y de no tener más que gratitud y equilibrio. Esto maximiza tu resiliencia, ya que no queda miedo de pérdida del polo fílico positivo y no hay miedo de ganancia del polo fóbico negativo.

Una vez que domines esa habilidad, nada del exterior tiene por qué tener, necesariamente, un impacto en tu vida. Puedes neutralizar cualquiera de esas percepciones y distracciones. Si haces preguntas que te permitan ver ambas caras, haciéndote plenamente consciente de lo inconsciente y lo consciente juntos, nada podrá distraerte, y la ansiedad será una cosa del pasado. No tienes por qué vivir con ansiedad.

No puedes sentir miedo a no ser que percibas y anticipes más aspectos negativos que positivos. No puedes tener una fantasía a no ser que percibas que estás a punto de experimentar más aspectos positivos que negativos. Una vez que percibas ambas caras al mismo tiempo, nada será inherentemente bueno o malo, fílico o fóbico, hasta que lo etiquetemos incorrectamente así. Se trata de una combinación de ambos al mismo tiempo, como un imán. Si quieres magnetismo, acercarte a lo que quieres en tu vida, querrás poder ver ambos extremos del imán a la vez.

Muchos de los trastornos psicológicos, como la ansiedad y la depresión, son mecanismos de *feedback* para decirnos que nos hemos mentido sobre nuestra realidad; y este *feedback* está asegurándose de que no dejemos ningún evento sin amar. Cualquier cosa a la que no puedas dar las gracias en tu vida es un lastre. Cualquier cosa por la que puedas dar las gracias es combustible. Recupera tu centro, permite que tu intuición despierte a tu yo auténtico y maximiza tu resiliencia y tu estado de forma.

Capítulo 8

Seguir adelante tras el duelo

Alrededor de 1976, me fui de viaje para surfear en El Salvador. Surfeaba desde temprano y paraba para comer algo hacia las once de la mañana.

Un día, después de tomar mi desayuno-comida, paseé por la ciudad de La Libertad, que se encuentra las afueras de San Salvador, al lado de la playa. Vi una procesión de unas doscientas personas caminando por las calles. Habían cerrado la calle principal, y la gente estaba vestida de blanco y de colores. Había una celebración y música. Parecía un desfile. Quería saber de qué se trataba, y me acerqué e intenté encontrar a alguien que hablara algo de inglés. Al final, encontré a un hombre joven y le dije:

—¿Qué está pasando? ¿Qué se está celebrando?

—Nuestro alcalde ha fallecido.

Quedé un tanto anonadado. No lo esperaba, porque parecía más una celebración que el duelo por una muerte.

Seguí la procesión hasta el cementerio. Depositaron el féretro en el suelo. La gente bailaba, celebraba y estaba dándose un banquete.

El hombre joven dijo que estaban celebrando la libertad del espíritu del fallecido:

—Es libre. Ya no está ligado a su cuerpo.

Pensé: «Ésa es una perspectiva interesante». Me deshice de mis ideas del duelo y de la muerte. Hasta ese momento había asumido que la muerte era algo con lo que te muestras solemne. No hablas. Puede que estés deprimido, y la gente se aflige y llora.

En ese momento pensé: «Esto es interesante. El mismo estímulo inicial (la muerte de alguien), podía conducir a un duelo o una celebración».

Por el momento, simplemente almacené esa información. No estaba interesado en sus aplicaciones clínicas todavía. Algunos años después me di cuenta de que, en algunos países, cuando la gente asistía a un funeral, vestía de negro, se tapaba el rostro, y todo era solemne y silencioso. Era todo lo contrario a lo que había visto en El Salvador. Pensé: «¿Se trata de un sistema cultural de creencias y de una perspectiva que está llevando a estas polaridades opuestas de resultados?».

Me hizo sentir curiosidad, y empecé a indagar sobre la percepción de la pérdida o el duelo y la pena. Esto me llevó a desarrollar el método de resolución de la aflicción del que hablaré en este capítulo. Puede que te sorprenda, ya que quizás estés acostumbrado al duelo y la pesadumbre que rodean a la muerte, pero es infalible. El duelo puede ahora ser opcional.

El duelo: No es lo que parece

Cuando nace un bebé, la mayoría de la gente probablemente dirá: «¡Felicidades! ¡Eso es maravilloso!». Cuando alguien fallece, dicen a los supervivientes: «Lo siento mucho por ti». Sin embargo, cuando fui por ahí y empecé a hablar con la gente que acababa de dar a luz y que estaba lidiando con muertes, me encontré con un hecho interesante.

Tal y como ya hemos enfatizado, la mente tiene tanto partes conscientes como inconscientes. Averigüé que las mujeres que habían dado a luz estaban experimentando dos cosas. Un lado estaba pensando: «¡Estoy tan contenta de haber tenido a mi bebé!», pero la otra parte estaba pensando: «¡Oh, Dios mío! ¿En qué me he metido? Esto es abrumador.

Durante los próximos treinta años voy a estar atada a este niño». Un lado se expresaba socialmente con mayor frecuencia y era consciente, mientras que el otro lado se reprimía socialmente con mayor frecuencia y era inconsciente, a no ser que formularas la pregunta que lo revelara.

Entonces pregunté a la gente que había perdido recientemente a abuelos y que estaba llorando por cómo había fallecido esa persona; pero otra parte estaba pensando: «El desafío de padecer esta muerte lenta y prolongada se ha visto finalmente aliviado».

En resumen, me encontré que con el nacimiento había tanto pena como alivio, y que con la muerte había tanta pena como alivio. Nadie quería hablar sobre el otro lado. Se supone que tienes que estar feliz cuando nace un bebé: «¡Felicidades!». Se supone que tienes que estar triste cuando alguien fallece: «Oh, lo siento». Pese a ello, hay dos lados, caras o facetas. Por lo tanto, eso me llevó a indagar qué está generando ese desequilibrio y por qué la gente está dividiendo y escondiendo la mitad de sus máscaras.

Durante miles de años, la gente ha estado de duelo y afligiéndose por la muerte, ocultando el otro lado. Estaba fascinado. ¿Por qué algunos humanos (e incluso algunos animales) hacen esto, y podemos disponer de una forma de anular esta respuesta?

Estoy seguro de que eso es posible, y voy a mostrarte cómo hacerlo. Si te encanta que la pena vaya para largo, eso es asunto tuyo, pero pasa factura psicológica y fisiológicamente. Permanecer en ese estado no va en tu favor. Si es prolongado puede conducir a problemas de salud.

Permíteme afirmar algo que te dejará anonadado: *nadie tiene por qué vivir con aflicción nunca más en el planeta Tierra durante más de tres horas.* Puedo hacer esa afirmación habiéndola demostrado clínicamente en miles de clientes o asistentes.

Hay dos formas de aflicción. Probablemente hayas tenido a gente que percibías que era muy alentadora, y a otros que percibías que te retaban. Cuando alguien respalda tus valores, tienes a abrirte a él. Cuando alguien desafía tus valores, tiendes a cerrarte a él.

Cuando te abres a alguien, estás activando la amígdala. Esta parte del cerebro se activa en los animales cuando están buscando presas y evitando a los depredadores. Por lo tanto, cuando algo apoya tus valores, lo registras como si fuese una presa encantadora. Es esencial para tu vida, y te abres a ello porque quieres consumirlo. Si algo desafía tus valores, lo consideras como un tipo de depredador doloroso, que puede matarte y comerte.

Como resultado de ello, tendemos, de forma natural, a buscar presas y a evitar a los depredadores. Ésa es nuestra naturaleza animal, y ésa es la naturaleza que da lugar a la aflicción. Como consecuencia de ello, sólo hay dos formas de duelo. Puedes tener la percepción de la pérdida de presas, que constituyen alimento, o la percepción de la ganancia de un depredador, que podría comerte. Una forma de aflicción es la percepción de pérdida de aquello por lo que te sientes atraído. Cuando estás locamente enamorado de alguien, le dices cosas como «dulcecito», «bomboncito», «pastelito» o «dulzura». Tendrás un lenguaje relacionado con la lengua, porque cuando estás locamente enamorado de algo, imaginas que es azucarado, y quieres abrirte a ello.

Cuando estás resentido con alguien, en lugar de pensar en él como algo dulce, le consideras un desecho amargo. Quieres deshacerte de él. Cada organismo unicelular dispone de procesos para eliminar los desechos y las toxinas.

La amígdala subcortical inferior, o el llamado cerebro animal, es el centro cerebral que busca presas y evita a los depredadores. La aflicción es la percepción de una pérdida de lo que buscas y la ganancia de lo que evitas. Puedes sentir aflicción por cualquier cosa por la que te sientas atraído. Si te embarcas en una relación que te gusta y tu pareja te deja, puedes sentir dolor. Lo mismo se aplica si pierdes dinero. Todo lo que buscas está registrado en la parte primitiva de tu cerebro como si fuera una especie de comida. Puedes sentir resentimiento y pena si te ves privado de ello. La aflicción puede tener muchas fuentes: percepciones de pérdida de dinero, de seres queridos, de respeto y de influencia en el mundo; pérdida de salud, de estado de forma o de belleza; pérdida de conciencia espiritual. Puedes sentir dolor si piensas que estás perdiendo la cabeza.

Mucha gente tiene adicciones. Si se ven privados de ellas, muestran unos síntomas propios del síndrome de abstinencia similares al dolor. Muchos síntomas del síndrome de abstinencia por el abandono repentino de una sustancia proceden, de hecho, de la pena asociada a la pérdida de los llamados momentos placenteros y del contenido cerebral experimentado al tomar las drogas.

En el otro lado de la ecuación puedes sentir aflicción por la ganancia de cualquier cosa que te desafíe. Si alguien te envía facturas que no puedes pagar, eso puede provocarte dolor. Si un excónyuge se muda al lado de tu casa habiéndose casado con alguien que tiene la mitad de tu edad, eso también podría causar dolor. Cualquier cosa que no quieres que se acerque a ti puede provocar eso. En resumen, la pérdida de lo que buscas y la ganancia de lo que evitas son las dos fuentes de aflicción.

Llevando a miles de personas a través de este proceso, he visto que no hay un dolor consciente sin un alivio inconsciente. Una vez más, son como los dos polos de un imán: son inseparables.

Dos formas de alivio

También hay dos formas de alivio, y están relacionadas con el reverso de los ejemplos que acabo de mencionar. El alivio es la ganancia de lo que buscas y la pérdida de lo que estás intentando evitar. Es lo recíproco del dolor. Digamos que no tienes dinero y que al final consigues algo: eso es un alivio; o que has perdido a tu novio o novia deseados y regresa a ti; o que, por fin, consigues comida después de haber estado hambriento durante un tiempo; o que tienes una oportunidad de negocio que te proporciona lo que estás buscando.

El alivio también se da por la pérdida de lo que te desagrada o de aquello con lo que estás resentido. Si el recaudador de facturas te dice: «Olvídalo. No te preocupes. El problema con tus facturas está resuelto», sientes alivio. Si alguien en el vecindario que te toca las narices se larga, ¡vaya, qué alivio!

El alivio es la percepción de una ganancia de aquello que estás buscando o de una pérdida de aquello con lo que estás resentido y quieres evitar. Por razones que he comentado en capítulos anteriores, estos dos lados están vinculados. Tal y como también he observado, cuando estás intentando vivir de acuerdo con los valores de otra persona en lugar de según los tuyos propios, estás más polarizado en cuanto a tus percepciones, tiendes a ser subjetivo, y generas sesgos de confirmación y desconfirmación en tus percepciones. Si vives de acuerdo con tus valores más elevados, tienes un mayor grado de objetividad, un punto de vista más equilibrado. Por lo tanto, posees más resiliencia y adaptabilidad.

¿Por qué se aplica eso al proceso de duelo? Cuando ves ambas facetas del fallecido simultáneamente, tienes una tremenda resiliencia. Cuanto más objetivo, resiliente y equilibrado sea tu punto de vista, más adaptable eres.

La gente puede llegar y marchar, y no estarás locamente enamorado ni resentido, pero si estás altamente polarizado serás más vulnerable a las polaridades divididas y los extremos de dolor o alivio.

En 2003, cuando Estados Unidos hizo caer a Saddam Hussein, hubo alivio en América porque teníamos la percepción de que era un depredador, pero en algunos lugares de Irak hubo aflicción, porque esas personas le consideraban un héroe. Lo mismo sucedió cuando Qasem Soleimani fue eliminado en Irán por bombardeos aéreos estadounidenses. Lo que supuso un alivio por la pérdida de un villano en EE. UU. causó aflicción por la pérdida de un héroe en Irán.

Las características comportamentales pueden considerarse positivas o negativas. De hecho, ninguna de ellas es realmente sólo una cosa o la otra, pero hacemos que lo sean debido a nuestra comprensión incompleta y a nuestro punto de vista limitado y nuestros sesgos. Las proyecciones morales de esos aspectos positivos y negativos como cosas buenas y malas son, simplemente, el resultado de una mente estrecha. He visto a gente encaprichada de una característica y luego cambiar y sentir resentimiento por ese mismo rasgo. También he visto a gente estar resentida con una característica y luego cambiar y apreciarla. Los rasgos nos son positivos ni negativos, buenos o malvados, hasta que hacemos que lo sean. Los puntos de vista absolutamente blancos o negros en cuanto a la moralidad son ilusorios y dan lugar a hipocresías morales.

La mayoría de las personas viven de acuerdo con esas percepciones o ese comportamiento de tipo animal de blanco o negro, de tipo depredador o presa. Viven en un mundo de ganancias y pérdidas, y tienen unas respuestas altamente emocionales cuando la gente nace o muere. Me gusta pensar que aquellos que son más conscientes muestran un poco menos de juicios y son más resilientes ante el inevitable equilibrio de la vida y la muerte, de la ganancia y la pérdida. Los maestros de la vida viven en un mundo de transformación. Son adaptables, son resilientes y no están atrapados en los extremos del apego. Pueden avanzar a través de las cosas.

He tratado con una mujer que vio cómo su padre se despedía de ella por el teléfono móvil y que luego tomó una pistola y se descerrajó un disparo en la cabeza en la sala de estar de ella. He visto muertes recientes, activas, en el lugar. He visto a gente que sigue afligida veinte años después de una muerte. La aflicción no tiene, en realidad, nada que ver con el tiempo, porque puedes estar de duelo por alguien que falleció hace décadas, y diluir la pena de inmediato o poco después de que alguien muera.

A finales de la década de 1990, estaba organizando un taller en las oficinas centrales de la empresa farmacéutica Pfizer en Nueva York, trabajando con un grupo de hombres judíos que había soportado y sobrevivido al Holocausto. Habían visto a sus familias morir. Seguían de luto cuarenta y seis años después.

Entré con una fotografía de Adolf Hitler. Se la mostré, y su comportamiento se retrajo automáticamente. Pese a que estas personas eran sexagenarias y septuagenarias, seguían mostrando una marcada respuesta emocional de retracción. No disponemos de ninguna garantía de que el tiempo vaya a eliminar las cargas emocionales sobre los eventos. Las almacenamos en nuestra mente subconsciente, y si no las equilibramos, pueden permanecer ahí durante décadas y seguir dirigiendo nuestra vida; pero si equilibramos estos patrones, nos liberamos.

He trabajado con este método en ambos casos, y he visto cómo funcionaba en cada situación y frecuentemente. Lo trabajamos en vivo frente al grupo en la Experiencia Descubrimiento.

Si tengo a alguien delante de mí que está afligido, le pregunto: «¿Qué rasgo, acción o inacción concreto percibiste que mostrara o exhibiera esta persona que más admiraras y que ahora más echas de menos desde que ha partido o fallecido?».

Muchas veces, a la persona se le ocurren amplias generalidades y dice que lo echa todo de menos sobre ella. ¿Pero echará de menos todo sobre el difunto?

—¿Así que echas de menos su sucio cabello en el desagüe? –pregunto–. ¿Echas de menos sus olores? ¿Echas de menos que comiera en exceso? ¿Echas de menos que no pagara las facturas? ¿Echas de menos sus broncas? ¿Echas de menos su desorden y la ropa que dejaba tirada en el suelo? ¿Echas de menos que llegara tarde a casa para cenar?

—Bueno, no. No echo de menos esas cosas.

—Así que eso significa que no lo echas todo de menos.

Nadie va a echar de menos las características, las acciones o las inacciones que le desagradaban del fallecido. Sólo va a echar de menos las cosas que le gustaban.

La persona dirá; «Oh, Dios mío. Me doy cuenta de que sólo estoy afligido por las cosas que admiraba de él. No siento dolor por las partes que me desagradaban y las que incluso me provocaban resentimiento».

Incluso una pareja que lleve casada muchos años tiene características, acciones o inacciones que gustan y disgustan al uno o al otro. Eso forma parte de la vida. Pese a ello, después de una muerte la gente quiere hacer un retrato del fallecido como si fuera una persona maravillosa y con sólo una faceta. Genera su propio duelo creando su propia fantasía unilateral. Para ayudarla, le permito enfrentarse a eso. No estoy aquí para hacer que la gente sienta algún tipo de felicidad parcial. Estoy aquí para equilibrarla y hacer que tenga los pies en la tierra de modo que pueda seguir con su vida y amar plenamente a la persona y estar agradecida por el tiempo que pudo pasar con ambas caras de la persona.

Pregunto:

—¿Qué rasgo, acción o inacción concreto crees que echas de menos o sientes que añoras?

El superviviente doliente dirá algo como:

—Su apoyo.

—¿Cuál es exactamente la acción que llevó a cabo que te respaldó?

—Me animaba verbalmente.

—Genial. ¿Echas eso de menos?

—Sí.

—¿Qué más echas de menos? ¿Por qué más estás sintiendo el duelo de la pérdida?

—Su elección del momento oportuno y su sentido del humor. Su forma de reír.

—Bien. ¿Qué más añoras?

—Sus consejos. Su orientación.

—¿Qué más echas de menos?

—El tiempo que pasábamos juntos cocinando. Teníamos unas discusiones maravillosas sobre la vida. Cuando comíamos y cocinábamos juntos me escuchaba, y me sentía escuchada.

—Genial. ¿Y echas de menos eso?

—Sí.

—¿Y qué más?

—A veces solíamos ir a pescar juntos, y teníamos discusiones sobre nuestras técnicas de pesca.

—¿Qué más echas de menos?

—Nuestros viajes. Salíamos de viaje juntos.

—¿Qué más?

He descubierto que, con prácticamente cada muerte, generalmente encuentras entre unas nueve y once características, acciones o inacciones que el doliente echa de menos. Las más que he visto han sido veintiséis, y las que menos, cuatro. Una vez que la persona lo revisa todo y elabora su lista más exhaustiva y no puede pensar en nada más, se queda en blanco y dice: «Eso es todo. Eso es todo lo que echo de menos. Estoy de duelo por la pérdida de esas cosas», paramos. Sólo enumera esos rasgos, acciones, inacciones o cualidades que respaldaban los valores del doliente. Éste no echaba de menos los demás.

Una vez que hemos enumerado su lista completa de comportamientos que echa de menos, le digo al doliente: «Si se te ocurre algo más durante este proceso que puedas añorar remotamente, por favor dilo y revélalo».

A continuación, pregunto:

—En el momento en el que supiste que el fallecido había muerto y que ya no estaba en este mundo para proporcionar esos comportamientos, ¿quién, desde ese momento hasta ahora, ha surgido e incrementado sus comportamientos para compensar?

Al principio dicen:

—Nadie.

—Vuelve a fijarte.

—Nunca había pensado en ello.

—Fíjate detenidamente. En cuanto esta persona falleció, ¿quién surgió en tu vida para asumir esos comportamientos, esas características?

De repente, dicen:
—Eso es interesante. Cuando mi mujer murió, su hermana empezó a llevar a cabo algunos de esos comportamientos. Se pasaba por casa y empezaba a interactuar conmigo y a llevar a cabo tres o cuatro de esos comportamientos.
—Genial. ¿Quién más?
—Ahora que lo pienso, mi hija ha asumido parte de ese papel.
—¿Quién más?
—Hay una mujer en el trabajo que está como respaldándome.
Sigo preguntando. No quiero que se inventen nada. Simplemente quiero que miren, y para su sorpresa, descubren que lo que pensaban que echaban de menos sale a la superficie en una o muchas otras personas. Puede pasar en el caso de hombres o mujeres. Podría darse en ti mismo o en otra persona. Podrías, de hecho, asumir la característica del difunto o finado.
Había a un caballero cuyo hijo, de doce años, había fallecido. Echaba de menos poner el calzado con velcro en los pies de su hijo, ya que tenía síndrome de Down y no podía hacerlo él solo.
—Así pues, en cuanto falleció, ¿quién empezó a hacer eso?
—No lo sé. No puedo pensar en nadie.
—Mi certeza supera a tu duda. Vuelve a echar un vistazo.
La mujer de ese caballero estaba ahí y, de repente, habló y dijo:
—Cariño, ¿no es esto interesante? Nunca habías tenido calzado con velcro hasta que él murió. Ahora juegas al fútbol, tal y como él solía hacer.
—Tienes razón. Lo he hecho. Ni siquiera había pensado en ello.
La persona podía ser ella misma u otra, hombre o mujer, una o varias, cercanos o lejanos. He estado llevando a cabo este proceso desde 1984, y todavía tengo que encontrar a alguien que no pueda responder a esta pregunta si le hago responsable de seguir buscando y escarbando. De repente, dice:
—No me lo puedo creer. Ahora estoy rodeado de gente que hace eso. Muchos de ellos hacen más eso, pese a que ni siquiera se dieran cuenta de eso antes.
—Exactamente. Y puede que tú mismo hayas asumido algunos comportamientos.

Mi esposa falleció hace muchos años. Antes de eso, ella había estado escribiendo para veintisiete revistas de distintas partes del mundo. En el momento en el que murió, por alguna razón, las revistas surgieron de la nada para mí. He escrito o he sido entrevistado para unas mil quinientas revistas de todo el mundo. Asumí parte de ese papel. También salí con distintas personas que escribían para revistas, publicaban y hacían cosas relacionadas con eso.

Por cierto: he preguntado a mucha gente esto: «¿Quieres realmente que la gente por la que te preocupas esté de duelo, o quieres que siga con su vida y que la viva al máximo?». Todavía tengo que conocer a alguien que me mire directamente a los ojos y diga: «Quiero que la gente por la que me preocupo se aflija tras mi marcha o partida». Cuando la gente muere, quiere que aquellos que le sobreviven tengan una gran vida y plenitud. Por lo tanto, cuando estamos de luto, podemos preguntarnos si esto tiene algo que ver con el que ha fallecido o si tiene algo que ver con nuestro propio procesamiento, conflictos internos, puntos de vista sesgados del fallecido y sistemas de creencias socialmente adoctrinados.

Cuando mi esposa murió, empleé este método o ejercicio y pasé por su transición de forma muy hermosa y fluida. De hecho, ayudé a mucha gente que estaba afectada por su muerte a disolver su aflicción. Estaban anonadados: ¿por qué era yo capaz de sentir amor por la difunta y su presencia en lugar de sentir aflicción y una pérdida?

Cuando amas, de verdad y por completo, ambas caras de alguien, sientes su presencia. He demostrado eso en la Experiencia Descubrimiento con más de cien mil personas. Sin embargo, cuando estás locamente enamorado o resentido y sientes unas emociones divididas con respecto a la gente, puedes experimentar estas sensaciones de pena y alivio.

Regresemos al proceso. Yo paso por él y anoto las iniciales de las personas que hacen lo que el fallecido solía hacer hasta que la lista es cuantitativamente igual; y digo: «¿Tienes ahora la certeza de que estas personas que acaban de surgir han compensado el 100 % del comportamiento admirado y que ahora echas de menos del finado?».

Si el superviviente dice: «No del todo», le pido que siga mirando una y otra vez hasta que diga: «Oh sí, me he olvidado de esta persona.

Ha sucedido esto en el trabajo, etc.». Se da cuenta de que está cuantitativamente equilibrado. A la gente le resulta sorprendente, porque no se ha visto expuesta a esa pregunta o ni siquiera ha pensado en ello antes. No se enseña en ningún lugar, y no se les permite inventarse nada o elucubrar. Sólo se les permite anotar respuestas de las que estén seguros.

Es un descubrimiento que hice mientras estudiaba Física. Tenemos la ley de la conservación de la energía, la información y la materia: sólo se trata de formas cambiantes. Creo que la vida es de la misma forma. Tal y como dijo Buckminster Fuller: «No hay muerte en el escenario del universo: sólo transformación».

He presentado la Experiencia Descubrimiento más de 1560 veces, con una media de más de 70 personas en cada ocasión. Miles de personas han pasado por esta experiencia, y he formado a miles de facilitadores que han salido ahí fuera y usado este método de disolución de la aflicción repetidamente. Lo usé después del terremoto de Ishinomaki, en Japón, en 2011, además de en el más reciente terremoto de Fukushima, en 2016. Lo hice después del terremoto de 2011 en Christchurch (Nueva Zelanda). Llevo usando este método con asuntos graves de la vida real desde hace mucho tiempo, y funciona. Éste es un mensaje muy potente. Puede cambiar la forma en la que percibes la muerte. En 2018, se llevó a cabo un estudio piloto de una investigación en la Universidad de Keiō, en Japón, y los investigadores quedaron sorprendidos por la significancia de los resultados duraderos al 100 %.

Afligiéndote por el enamoramiento loco

En el siguiente paso de este proceso, me ocupo de aquello que la persona que está de luto admiraba o de lo que estaba locamente enamorada del individuo que ha fallecido o partido, porque sólo sientes aflicción por la pérdida de esas características, acciones o inacciones que te gustan o admiras. La persona está apenada porque percibe más beneficios que inconvenientes, más aspectos positivos que negativos, más respaldo que desafío en esos comportamientos seleccionados del fallecido. Si viera más desventajas que beneficios, habría alivio, y no dolor.

Neutralizo los beneficios percibidos encontrando la otra cara. Si la persona está eligiendo no ver los inconvenientes de una característica, se trata de su propia ceguera inconsciente. Estoy convencido de que nuestras emociones polarizadas son el resultado de una conciencia incompleta, pero el amor ve ambas caras. Cuando la gente completa verdaderamente este método, hay amor, presencia y gratitud. Si no lo ha completado sigue habiendo una emoción polarizada y sigo trabajando.

No considero que el amor y la gratitud verdaderos e incondicionales sean emociones polarizadas. Creo que son la síntesis y la sincronicidad de cualquier pareja de emociones opuestas complementarias y polarizadas. Las emociones reflejan un estado de desequilibrio. Cuando las equilibramos, tenemos una forma más profunda y verdadera de «Gracias, te quiero». Por cierto, ésa es la verdadera esencia de nuestra existencia. Si sólo te quedaran veinticuatro horas de vida, ¿qué harías? Irías a la gente que te importa y le dirías: «Gracias, te quiero».

En cualquier caso, si la persona doliente está fijada conscientemente en los aspectos positivos del fallecido, estará penando su «pérdida», y no será consciente de los aspectos negativos de los comportamientos ventajosos del finado. Por lo tanto, pregunto: «¿Cuál era el inconveniente de ese comportamiento ventajoso del fallecido cuando estaba vivo? ¿Cuáles eran los aspectos negativos cuando los mostraba?». No quiero que mencionen ninguna respuesta asumida, inventada o especulativa, sino sólo desventajas percibidas, inconvenientes, aspectos negativos o cosas desafiantes de los comportamientos admirados que asumían que no tenían desventajas.

Al principio, suelen decir:

—No se me ocurre ninguno. No lo sé. No hay ninguno.

—No –digo–, cada característica tiene dos caras. Así pues, ¿cuáles eran las desventajas?

Para su sorpresa, cuando empiezan a ahondar, surge lo inconsciente y salen a la superficie algunos de los aspectos negativos y los inconvenientes. Como acabo de mencionar, no quiero nada inventado, y no quiero nada sobre lo que la persona no esté segura. Quiero que profundice hasta que encuentre el otro lado de la ecuación con respecto al comportamiento admirado, porque las características son neutras hasta que alguien con la mente estrecha las etiqueta como buenas o malas, positivas o negativas.

Por cierto, si un rasgo fuese verdaderamente malo, se habría extinguido, porque no estaría sirviendo a nada, pero estas características han durado miles de años, por lo que nos sirven. Nuestra ignorancia sesgada subjetivamente es lo que las etiqueta como buenas o malas. Lo cierto es que son ambas cosas o ninguna, dependiendo de cómo te fijes en ellas situacionalmente y cómo se relacionen con el contexto artificial que has estado proyectando sobre ello.

Por lo tanto, les pregunto: «¿Cuál es el inconveniente de esa característica acción o inacción concreta que admirabas?». Empiezo a listar todos los aspectos negativos. Hago que sigan respondiendo a esa pregunta hasta que el número de inconvenientes y desventajas esté perfectamente equilibrado con los beneficios y las ventajas.

A veces, la gente dice:

—Echo de menos su orientación.

Pregunto:

—¿Cuáles eran los inconvenientes o desventajas de su orientación?

—No se me ocurre ninguno.

—Echemos otro vistazo.

De repente, la persona dice:

—De hecho, me orientó estúpidamente con un trato con acciones, y perdí dinero.

—¿Qué más?

—Me orientó sobre cómo ocuparme de mis hijos, y ahora que pienso en ello, no fue la mejor forma de hacerlo.

Una vez más, sigo con este proceso hasta que los inconvenientes igualan a los beneficios. Digo: «¿Estás ahora seguro de que hay tantas desventajas como ventajas para cada uno de los comportamientos previamente admirados listados?». Si existe la más mínima duda, hago que prosiga hasta que exista la certeza.

La persona doliente ya está empezando a experimentar un cambio. Entonces paso a cada una de las nuevas personas que están mostrando o exhibiendo ahora esa característica, acción o inacción concreta para ese individuo y pregunto:

—¿Cuáles son los beneficios y las desventajas de que estas personas se suban a bordo y desempeñen ese papel o muestren y exhiban ese comportamiento?

Contesta:

—El consejo está más al día, está más actualizado, está más en línea con lo que realmente quiero con mis valores superiores actuales. No me estoy sintiendo obligado a tener que satisfacer lo que esta persona quiere de su orientación. Los consejos son más diversos. Estoy obteniendo más variedad de opiniones. Me permite tomar decisiones por mí mismo. No soy dependiente. Estoy más empoderado.

Mientras anoto los beneficios de aquellos que ahora está proporcionando esas características o comportamientos concretos, para su sorpresa, la persona se da cuenta de que las nuevas formas están muy en sintonía con lo que valora altamente en este momento. Es casi como si ahora se percatase de que quizás esta muerte esté sirviendo a un propósito superior. «No estoy unido a las formas de hacer de la persona antigua o anterior. Ahora vuelvo a avanzar».

Una vez que los beneficios y los inconvenientes están completamente equilibrados, pregunto:

—¿Estás penando la muerte de esta persona ahora?

Contesta:

—No.

No penarás y no puedes penar la pérdida de alguien que esté, perceptualmente, honesta y perfectamente equilibrado. Sigo haciendo eso durante todo el trayecto descendente por la lista. Esto podría llevar, de media, entre cuarenta y cinco minutos y lo máximo que he visto, que han sido tres horas. Ésa es la razón por la que digo que nadie tiene por qué penar más de tres horas en el planeta Tierra nunca más. Cuando completes el método, sentirás amor y gratitud por el fallecido y por su contribución en tu vida y por su presencia.

Una vez que he acabado y hemos tachado de la lista esos ítems, la cara de la persona cambia. Su fisiología cambia. Su química cerebral cambia, ya que el duelo es el resultado de una perspectiva desequilibrada.

Reto a la idea, prevalente en el campo farmacéutico y de la psiquiatría, de que la depresión y el dolor están causados por desequilibrios bioquímicos. He atendido a gente que estaba clínicamente deprimida y la cambié en menos de tres horas. Apuesto a que, si diesen marcha atrás, verían que su química cerebral había cambiado. La química no es la causa, sino que más frecuentemente es el efecto correlacionado. Me sorprende cómo a la gente le dicen que padece un desequilibrio bioquímico o que podría llevarle años superar el duelo. Eso se debe a la incompetencia y la ignorancia: no saber cómo funciona el cerebro y no saber cómo ayudar a la gente eficientemente.

Si estoy llevando a cabo este método frente a un grupo, le pido a la persona doliente que ha sido elegida por el grupo: «Mira a tu alrededor por la habitación. ¿Quién representa o te recuerda a la persona por cuya pérdida estabas previamente de duelo?».

Mira a su alrededor por la sala y allí habrá alguien que se parezca o le recuerde a la persona fallecida sobre la que ha aplicado el método. Le pido a esta persona que actúa a modo de sustituto que se levante y se siente, en una silla, frente al individuo, y le proporciono pañuelos de papel, ya que lo que están a punto de hacer hará que broten lágrimas. No lágrimas de pena o dolor, sino lágrimas de amor y gratitud.

Hago que estas dos personas estén muy cerca la una de la otra y les pregunto: «¿Qué hay en vuestro corazón que queráis compartir con el individuo que ha fallecido o partido?».

Empiezan a hablar y ambos entran en una especie de estado de trance y no son conscientes del resto de la habitación. La que ha estado penando dirá que se siente, naturalmente, agradecida desde su corazón, y la otra persona contestará como si fuera, realmente, la persona que ha fallecido o partido. Los dos conversarán de una forma cariñosa, que abre el corazón y aparentemente telepática. Es extraordinario ver esto en acción. Cuando acaban, se abrazan espontáneamente y tienen lágrimas de gratitud y amor. Ambos sienten como si el fallecido o el que ha partido estuviera, de hecho, presente.

Después, cuando regresan de su estado de trance temporal, sostengo un micrófono frente a ese individuo para que toda la sala pueda oírle. Le digo:

—En este preciso momento, ¿estás de luto por la pérdida de esa persona?

—No.

—¿Sientes su presencia?

—Sí.

—¿Sientes amor y agradecimiento por ella?

—Sí.

—No hay dolor, ¿verdad?

—No.

—Intenta mostrar aflicción. Intenta acceder a la aflicción.

—No puedo.

—Inténtalo. Inténtalo con tanta fuerza como puedas. Intenta ver si puedes conseguir aflicción.

—No está ahí.

No, porque no es posible sentir aflicción a no ser que tengas una perspectiva desequilibrada.

Resistencia y estrategias

Sin embargo, he visto a algunas (pocas) personas que se han resistido a llevar a cabo el método porque tenían un plan y una estrategia ocultos en mente. Permíteme ponerte un ejemplo. Había a una mujer que se había casado y pasado a formar parte de una familia muy rica, pero los padres del marido, especialmente la madre, no querían que su hijo se casara con ella. Los padres le dijeron: «Ella está por debajo de ti. Mereces una mujer con más clase que ésta»; pero él salió con ella y al poco tiempo la dejó embarazada, y él se sintió, en parte, moralmente atrapado.

Así es cómo él y su familia, especialmente la madre, lo percibían. El hijo se sintió obligado a cuidar del niño y se casó con la mujer en contra del deseo de sus padres.

Cuando el muchacho cumplió dieciséis años, empezó a salir con una chica a la que le gustaban algunos comportamientos curiosos. Acabaron llevando a cabo una práctica sexual en la que él se estranguló, se colgó y murió.

Me remitieron a la mujer porque estaba mostrando un síndrome de duelo prolongado que estaba durando más de un año, por lo que trabajé con ella en privado. Se estaba, extrañamente, resistiendo a contestar las preguntas contenidas en el Método Demartini, y acabé diciéndole: «Parece haber aquí un motivo claro para no profundizar y desvelar las respuestas. ¿Cuál es su intención oculta o su motivo para esta resistencia?».

La mujer se dio cuenta de que, si no hubiera tenido un hijo y no hubiese estado de duelo, no habría razón por la cual la familia hubiese permitido que su marido permaneciese en su vida. Él podía seguir adelante, y ella no quería perder el estilo de vida y las oportunidades que él le proporcionaba. Mientras estuviese de duelo, el marido no se iría a ningún sitio y los padres no le presionarían para que siguiese con su vida. Por lo tanto, ella estaba, en parte consciente y en parte inconscientemente, usando la aflicción para hacer que la dinámica familiar continuase, y asegurándose de tener ingresos, prestigio y seguridad. Es sorprendente lo estratégicos que somos a veces para permanecer seguros.

Durante una sesión más larga, mientras estaba aplicando el método, resultó esencial disolver su obsesión con lo que el hombre y su familia le proporcionaban y equilibrarlo. Pasé unas cuatro horas en total con ella. Una vez que despejamos esos elementos relacionados con la posición de los padres en comparación con ella e igualé las condiciones, el duelo pasó. Ocuparme del duelo en sí probablemente llevó entre cuarenta y cinco minutos y una hora, pero fue necesario mucho trabajo para lidiar con los asuntos de la seguridad que estaban evitando que ella llevase a cabo el método.

Al final la mujer no sintió aflicción. De hecho, confesó que su hijo tomaba drogas. Traía drogas a casa y estaba causando problemas y preocupaciones potencialmente legales. «Temíamos acabar teniendo disgustos, problemas legales y otros desafíos de esta naturaleza. No iba a la escuela regularmente. Estaba fuera de control».

De repente, los aspectos no revelados de su hijo por los que estaba resentida salieron a la superficie. Parte de ella se sentía aliviada de que hubiera fallecido, pese a que estaba fingiendo estar de duelo. Tenía sentimientos encontrados, cosa que por lo menos era más sincera.

Permíteme decirte algo que te va a sorprender: cuanto mayor la aflicción, más oculto el alivio. Son parejas de opuestos. Están entrelazados. Por lo tanto, no te dejes engañar por las apariencias externas y el espectáculo consciente. Profundiza. Ésa es la razón por la cual este método de resolución del duelo es muy valioso: ayuda a la gente a asimilarlo, le proporciona algún objetivo, la ayuda a ponerse en contacto con la razón y la hace regresar a un estado equilibrado de gratitud y amor. Ralph Waldo Emerson preguntó por qué, en lugar de llorar con empatía por la gente, no hacíamos que volviese a entrar en contacto con la realidad.

Este método pone a la persona en contacto con lo que verdadera y realmente percibió, lo que contiene a sus facetas consciente e inconsciente, que ahora son plenamente conscientes. Cuando ha acabado, la persona me da un abrazo y dice: «Gracias, Estoy liberado. No estoy de duelo. Siento la presencia de aquél al que quiero. Amo a este individuo. No estoy locamente enamorado ni resentido. Simplemente estoy sintiendo su presencia, y esto me abre el corazón».

Generalmente, cuando llevo a cabo el método en un seminario, no sólo acaban llorando de gratitud las dos personas, sino toda la sala. Muchos de los presentes que también han experimentado muertes o pérdidas están ahí sentados, procesando y viendo su propia vida. Experimentamos efectos dominó a lo largo de todo el programa del seminario.

Este método funciona. En una ocasión, alrededor de 1988, volé a San Diego e hice que un servicio de taxi me llevara, bordeando las playas, hasta Del Mar. Pretendía presentar mi método a un famoso psicólogo que vivía allí, pero rechazó mi oferta y la ninguneó, diciendo: «Si existiese algo como lo que está describiendo, lo sabría». No estaba interesado en escuchar lo que tenía para compartir. Me quedé un poco sorprendido, pero simplemente me di la vuelta y volé de regreso a Texas, y simplemente asumí que o no se lo presenté de una forma que satisficiese sus valores o sencillamente no estaba interesado en algún método alternativo en ese momento.

Irónicamente, en 2007 estaba presentando la Experiencia Descubrimiento en Maui y, mira por dónde, ese mismo caballero (si ni siquiera darse cuenta de que yo era el mismo tipo que había estado en su despacho) fue a mi seminario. Había perdido a su esposa. Subió al escenario y llevé a cabo el proceso con él y despejé su aflicción. Debido a alguna improbable coincidencia, fue la persona elegida por el grupo para representar el caso con el que mostraría el método, ya que él era famoso y su mujer había fallecido recientemente. Después de pasar por todo el método a lo largo de casi dos horas y de completar el proceso con una experiencia con un sustituto para abrir el corazón, dijo:

—Esto ha sido maravilloso. Podría jurar que mi mujer estaba exactamente aquí conmigo hace un momento, y ahora no estoy afligido.

No pude evitarlo, pero después dije:

—Por cierto, ¿me recuerda, en 1988?

—No.

—Soy el tipo que intentó presentarle este método, entonces.

—¡Oh, Dios mío! Ahora lo recuerdo. Fui un estúpido arrogante y le eché de mi oficina.

—Lo fue, pero agradezco al universo que nos haya vuelto a reunir, porque ahora lo conoce.

Entonces promocionó mi trabajo deliberadamente y le habló a la gente de él. No conozco a nadie que haya pasado por este trabajo que no le haya hablado a la gente de él, porque no hay razón alguna para que alguien esté de duelo. Es completamente innecesario.

La cara del alivio

Antes de que nazca un primogénito, la madre está, muy frecuentemente, un poco eufórica: «¡Oh, voy a ser tan feliz cuando tenga a mi bebé!». Cuando llega el bebé, ella puede ser un poco inocente y tener una expectativa poco realista (una fantasía) y, como resultado de ello, puede deprimirse tras el parto. La felicidad del preparto puede derivar en la depresión posparto. Rara vez he visto a una madre deprimida que no hubiera vivido en una fantasía antes de la llegada del bebé. Una vez más, la depresión consiste en una comparación entre la realidad actual y una fantasía a la que te aferras. Muchas veces, cuando las madres tienen un bebé, imaginan un poco una fantasía unilateral: «Va a haber más beneficios que inconvenientes», pero como sucede con todo lo demás, el embarazo y los cuidados maternales tienen las dos caras.

Cuando un bebé nace, pregunto:

—¿Qué características, acciones o inacciones concretas del bebé crees que has ganado?

—He conseguido mi bebé de carne y hueso que sostener y acunar. Tengo a alguien a quien amo que desea ser criado. Tengo a alguien con unos ojos preciosos que me admira. Tengo a alguien que mama de mi pecho y mi leche. Tengo a alguien que necesita de mi asistencia y amor. Tengo a alguien que necesita de mi ayuda para que le vistan y le proporcionen ropa.

Anoto los comportamientos admirados que creen que han ganado al nacer el bebé. Una vez más, consisten en entre nueve y diez ítems de media, y a veces más. Creo que dieciocho es la mayor cifra que he visto en este apartado, y la menor han sido seis.

Entonces pregunto: «Antes de ese parto, ¿quién estaba proporcionando esas características o comportamientos concretos?». Recopilo los nombres de la gente que había proporcionado las mismas características o unas similares de alguna forma. La mayor parte del tiempo se trata de su marido. El esposo proporcionaba el cariño, pero ahora que el bebé está ahí, el marido y la mujer están más distantes. No tienen tiempo el uno para el otro, porque ella se está dedicando al bebé. El marido estaba siendo alimentado y vestido y disponía de relaciones íntimas. De repente, eso se ha visto retirado parcialmente. Es como: «De acuerdo, el donante ha proporcionado el espermatozoide. Ahora necesito concentrarme en el niño». No es algo infrecuente. Algunas mujeres pagan un precio si no saben equilibrar eso, porque el marido se acaba sintiendo abandonado.

A veces hay un enamoramiento loco con ciertas características que el bebé muestra al principio. Si esto es así, le pido a la madre que encuentre a una o a muchas personas que mostraran o proporcionaran esas características antes. De repente, la madre se da cuenta de que no ha ganado nada, sino que simplemente ha cambiado las formas. Recuerda que los maestros viven en un mundo de transformación y que las masas viven en las ilusiones de las ganancias y las pérdidas.

Entonces pregunto:

—¿Cuáles son los inconvenientes de la nueva forma?

—No voy a dormir tanto por la noche, y cuando miro esos ojos, a veces el bebé está llorando y chillándome. A veces no quiero mirarlo, porque el bebé está gritando.

Empiezas a sumarlo todo, ves las desventajas y encuentras los beneficios del antiguo estado. Cuando lo haces, los equilibras hasta que son cualitativa y cuantitativamente iguales.

Cuando la madre hace esto, se vuelve más centrada y comprensiva con la nueva dinámica familiar. No está enamorada locamente ni resentida con el niño. Siente amor y la presencia de su hijo y su marido. El hijo puede sentirlo, y lo pone de manifiesto en su comportamiento, ya que en el momento en el que tienes una verdadera presencia y amor, el niño se tranquiliza. Muchos de los síntomas emocionales de la criatura tienen que ver con los enamoramientos locos y los resentimientos almacenados en las porciones inconscientes de la mente de la madre y el padre.

Una vez que éstos estén equilibrados, el niño podrá captarlo. Estará más tranquilo, y su comportamiento será menos volátil, con menos cambios emocionales. Los niños pueden equilibrarse y apaciguar las tensiones, juicios y conflictos familiares.

En cuanto estos polos están equilibrados, te das cuenta de que no ha habido una ganancia ni una pérdida, sino una transformación. La transformación no es mejor ni peor, por lo que no hay un problema moral aquí.

Simplemente honras la transformación no estando aferrado y teniendo la capacidad de adaptarte, resilientemente, a un entorno cambiante, porque la verdad es que nuestro mundo está cambiando a cada momento de cada día. Neutralizando la ilusión de la ganancia o la pérdida, te vuelves más adaptable y resiliente.

Afligiéndote por 750 millones de dólares

Esta herramienta no se limita estrictamente a la vida y la muerte. Podrías sufrir una pérdida de dinero. Había a un caballero que era el gestor de un fondo de cobertura que percibía que había perdido 750 millones de dólares. Llevamos a cabo este ejercicio en cuarenta y ocho minutos y despejó su aflicción. Había sumado todo lo que creía que había perdido, le asignó un valor en dólares y averiguó que la nueva forma que había entrado en su vida equivalía a ese valor en dólares.

¿Cuál era el beneficio de la nueva forma y cuál era el inconveniente de la antigua forma?

El hombre se dio cuenta de que su socio en el fondo de cobertura había estado haciendo cosas ilegales; y que ese socio tomó el dinero de este caballero y desapareció marchándose fuera del país. Al día siguiente, este hombre se encontró con que su banco y sus cuentas de inversión habían quedado limpios, volatilizándose una cantidad de unos 750 millones de dólares. Hasta que llegó a la Experiencia Descubrimiento, había estado muy amargado y enfadado, y sufrió problemas cardíacos ocasionales y palpitaciones siempre que pensaba en el suceso. Quería matar al otro tipo.

Entonces pregunté:

—Así pues, ¿qué ganaste en esta aparente pérdida? No se pierde nada sin ganar. Es una transformación.

El hombre empezó a reírse. Dijo:

—Me quité de encima a una mujer que era una cazafortunas. Me estaba utilizando por mi dinero y en realidad no estaba interesada en mí. Me deshice de ella sin tener que pagar un gran precio, ya que llevaba unos cinco años queriendo divorciarme de ella. Cuando mi socio se llevó el dinero, ella simplemente se fue, ya que me quedé sin nada. El divorcio fue rápido y sin oposición. Tendría que haberle dado 360 millones de dólares, y yo no pensaba que ella los valiera, por lo que soporté ese matrimonio insatisfactorio. También recuperé la salud, ya que había estado trabajando demasiado y sufría de una hipertensión importante.

Desde que sucedió eso, he estado haciendo ejercicio e intentando ponerme en forma de nuevo. He atraído a alguien en mi vida que, de hecho, me quiere por quién soy. No tiene que ver con el dinero, porque no tengo dinero.

»Cuando mi socio se llevó el dinero, los clientes no se enfadaron conmigo, sino con mi compañero, porque yo también me vi afectado. Yo tenía a los clientes y al equipo legal. Ahora que lo veo, tengo la capacidad de reconstruir toda mi compañía, y este tipo probablemente irá a la cárcel. Si no hubiese robado el dinero, yo podría estar en presidio hoy debido a algunas de las cosas que él estaba haciendo con el dinero de nuestros clientes.

»Éste es el mejor día de mi vida. Ahora me doy cuenta de que el hecho de que él se llevara 750 millones de dólares fue un regalo.

Estaba agradecido por ese hombre y por lo que había sucedido.

No importa si has perdido dinero. No importa si has perdido un brazo o un ojo. No importa cuál sea la pérdida: este método funciona porque se basa en la percepción de lo que respalda o reta a tus valores. Una vez que comprendas eso, podrás neutralizar cualquier ganancia por la que te hayas emocionado y después sentir tu pérdida. He tenido la suerte de ayudar a muchas personas con una amplia variedad de aparentes pérdidas.

Algunas personas preguntan por qué querría alguien neutralizar la emoción; si acaso no es bueno estar emocionado. No, no necesariamente. Esto también tiene dos caras, porque si te encaprichas de una fantasía generadora de desenfreno, estarás predisponiéndote a la depresión en cuanto percibas que la has perdido. Te estarás predisponiendo a la siguiente pérdida al estar aferrándote a ese tipo de fantasía. Experimentar emoción significa que estás temporalmente ciego a los inconvenientes.

Si estás muy locamente enamorado de alguien, vas a temer perderle. Si estás más equilibrado y amas a alguien, vas a sentir su presencia. El Método Demartini ayuda a la gente a retroceder y regresar al agradecimiento y al amor y a darse cuenta del orden oculto y el equilibrio conservado del mundo a nuestro alrededor. Esto la ayuda a ser adaptable y resiliente independientemente de lo que suceda. Le permite ver desde una perspectiva objetiva, en lugar de subjetiva, lo que le ayuda a vivir de acuerdo con su centro ejecutivo, y no según su amígdala. Le ayuda a comprender que no estamos ciñéndonos a sólo el comportamiento animal en nuestro interior, sino que podemos tener mando sobre él. Podemos permitir que dirija nuestra vida y ser una víctima de su historia o podemos anularla y ser el dueño de nuestro destino.

Es posible que la persona pueda pensar en dos o tres cosas más adelante que no se le hayan ocurrido durante el proceso. Me he encontrado con esto un par de veces a lo largo de los años. Si es así, simplemente repite el proceso de cuatro pasos con estos comportamientos concretos que has pasado por alto inicialmente y, una vez más, disuelve sus percepciones incompletas y desequilibradas.

La pérdida de una abuela

Me encontraba en la isla del Príncipe Eduardo, en Canadá, porque un psicólogo me había pedido que fuera allí y presentara el Método Demartini. Me llevaron a los Departamentos de Psicología de su universidad y de otras dos cercanas.

Algunas personas querían debatir y al principio intentaron refutar mi método, diciendo:

—Oh, no, no puede usted hacer eso. Es importante permitir a la gente hacer su duelo. Es natural. Es sano.

Dije:

—Podemos perder tiempo todo el día y jugar a juegos mentales. ¿Por qué no llevo, simplemente, a cabo el proceso? ¿Hay alguien aquí que esté de duelo?

Algunas personas levantaron la mano. Al final escogimos a una mujer joven que había se había enterado de que había perdido a su abuela dos días antes. La abuela había criado a esta mujer joven como su fuera su madre biológica, y la mujer joven estaba, obviamente, percibiendo una pérdida y sintiendo dolor. Estaba llorando y tenía dificultad para hablar, y le temblaba la boca.

Pasamos por el proceso con ella frente a todo el grupo, en un anfiteatro lleno. Nos llevó una hora y quince minutos. Al final la mujer joven mostró gratitud, presencia y amor. Dije:

—Ahora intenta, con todas tus fuerzas, ver si puedes acceder a la aflicción.

—No puedo.

Su cara tenía un aspecto distinto. Tenía una sensación de equilibrio.

Algunas personas dijeron:

—¿Cuánto va a durar eso?

Dije:

—Para aquellos que creen, no hacen falta pruebas. Para aquellos que no, ninguna prueba los satisfará. Puedo perder mi tiempo debatiendo, pero, ¿por qué no le hacéis un seguimiento a esta chica durante una semana, un mes o un año a partir de ahora y tomáis vuestras propias decisiones? Es un ser humano. Podrá deciros lo que está experimentando.

Epílogo

El viaje de la resiliencia

Hemos recorrido un largo camino en este libro. Hemos visto mucho sobre lo que es la resiliencia y cómo podemos fortalecerla.

Hemos aprendido que la forma más importante de fortalecer tu resiliencia es vivir de acuerdo con tus propios valores superiores: no los de tus padres, no los de tu cónyuge o pareja, no los de la sociedad. Cuando vivimos según nuestros valores más elevados, funcionamos desde una parte superior del cerebro, que sabe cómo gestionar situaciones difíciles y recuperar el equilibrio.

Podemos ver cómo puedes deshacer tus propias agendas inconscientes, que frecuentemente son los mayores impedimentos para la vitalidad, el progreso y la consecución de los objetivos que más valoras. Incluso hemos visto cómo vivir en un estado de congruencia (que es como yo lo llamo), puede remodelar y restaurar el sistema nervioso.

La resiliencia, tal y como hemos visto, tiene mucho que ver con enfrentarse a las fantasías de la vida que nos distraen y los golpes duros superarlos. A veces, lo que parecen ser los mayores ascensos o tortazos y fortunas o desgracias contienen en su interior las semillas de nuestras bendiciones más grandes y auténticas. Podemos incluso emplear los síntomas de cualquiera de las formas o las polaridades de la enfermedad para orientarnos hacia la plenitud y el equilibrio.

La clave para superar la depresión, el duelo y la ansiedad consiste en aprender sobre el equilibrio inherente de la psicología y la fisiología humana, la homeostasis que dirige la vida: no hay aspectos positivos sin aspectos negativos, y no hay aspectos negativos sin aspectos positivos. La depresión y la ansiedad son, más frecuentemente, resultado de centrarse en un aspecto sin reconocer el otro.

Hay métodos sencillos y específicos para superar estas dificultades ilusorias y potenciar la resiliencia, a veces generando lo que en ocasiones parecen ser resultados milagrosos. Te prometo que se trata de herramientas que puedes usar.

Por cierto, para aquéllos de vosotros a los que os gustaría experimentar el Método Demartini en vivo y observar su impacto y su poder, pensad en uniros a mí en la Experiencia Descubrimiento, o si queréis añadir el método a vuestras herramientas actuales, dispongo del Programa de Formación en el Método Demartini para cualquiera que quiera aprender cómo hacer exactamente esto. Si eres un asesor, *coach,* terapeuta o cualquier otra persona que esté ayudando a la gente a lidiar con el enamoramiento loco/la obsesión, el resentimiento, el orgullo, la vergüenza, la pérdida, el duelo o la aflicción, piensa en llevar a cabo el programa de formación, porque así me ayudarás a ayudar a otras personas que lo están usando. Para saber más, visita mi página web: www.drdemartini.com.

Índice